PREGUNTAS
PARA JESÚS

ORACIÓN CONVERSACIONAL EN TORNO A TUS ANHELOS MÁS
PROFUNDOS

TONY STOLTZFUS
CON KATHY STOLTZFUS Y SARA HERRING

PREGUNTAS PARA JESUS ·
Edición en español publicada por
Coach22 Bookstore LLC
Redding, California 96001
www.Coach22.com

Originally published in the USA under the title:

Questions for Jesus
Copyright © 2013 by Tony Stoltzfus

Published by Coach22 Bookstore LLC, 15618 Mule Mountain Parkway, Redding, California 96001
All rights reserved

Traducción: Valeria Martínez
Edición: Grace Avendaño Eshualt
Adaptación del diseño al español: Hugo R. González

Spanish Translation ISBN: 978-0-9829891-2-8

ÍNDICE

PREGUNTAS
PARA JESÚS

La mayoría de nosotros crecimos aprendiendo a orar en relación del quehacer cristiano.

Pedimos ayuda para hacer lo correcto. Oramos para que nuestros familiares conozcan a Dios o le pedimos que bendiga lo que hacemos por Él. Pedimos perdón (en el mejor de los casos) o bien, nos humillamos (en el peor de los casos) por las cosas que hacemos mal, y volvemos reiteradamente buscando dirección y certeza para asegurarnos de que sabemos lo que se supone debemos hacer.

Mis horas con Dios solían ser así. Mis oraciones matutinas se sentían como trabajo lo cual no es sorprendente, ya que de eso se trataban mis oraciones: Trabajo. Casi todas ellas contenían la palabra «hacer», como, por ejemplo: «¿Qué deseas que haga?» o «Hice mal esto. Lo lamento» o bien, «Ayúdame a mejorar». Me costaba trabajo este difícil quehacer de vivir la vida cristiana. Aun así, Dios se reía ¡se reía!, porque veía Su plan secreto: llegar a buen puerto para revolucionar mi vida de oración que estaba orientada al quehacer.

Cuando Dios terminó (soy lento para aprender, me llevó 20 años), había descubierto cómo hablar con Jesús acerca de nuestra relación, en lugar de simplemente hablar sobre el quehacer (de ser cristiano). Y eso lo cambió todo. Ahora, de lo que más hablamos es acerca de lo que nos gusta uno del otro, lo que pensamos y sentimos y sobre nuestro futuro en el Cielo; y hablamos mucho menos acerca de mi próxima actividad o de errores pasados. Me gusta eso.

Así es que, ¿cómo me enseñó a orar? Dejaré la parte dolorosa para después, en donde derribó mi vida devocional actual, y me saltaré a la parte en la que empecé a sintonizarme con algo nuevo. Un momento clave fue cuando le pregunté qué hacer durante una sesión de coaching desafiante. «Jesús, no estoy seguro sobre cómo acercarme a esta persona. ¿Qué deseas que haga?» Fue una de esas oraciones del tipo «¡Oh Jesús!, me siento incompetente. Por favor, ayúdame». Pero Su respuesta me sorprendió: «¿Por qué me lo preguntas a mí? Me gusta verte en acción».

Un momento, ¿a Él le gusta dejarme decidir y observarme ser quién soy? ¿Qué hay acerca de la voluntad de Dios y todo eso? Una gran parte de mi paradigma al relacionarme con Dios era que hablar con Dios tenía el propósito de que Él dijera lo que se supone tienes qué hacer. Esta nueva manera implicaba algo totalmente diferente. ¿Qué me estaba perdiendo?

La idea que trataba de asimilar acerca de lo que Él estaba diciendo ya la había sembrado en mi vida a lo largo de una carrera de 10 años como mentor de mi vida. Por años de experiencia, yo sabía perfectamente que el preguntar era más poderoso que el decir, y que el creer en la habilidad de alguien para pensar por sí mismo producía cambios y mejores resultados que el dar un consejo. Me comprometí por completo a no ser un mandón. Pero ¿podría ser que había pasado mi vida esperando que Dios fuera un mandón para mí, y que en realidad éste nunca había sido Su estilo para nada?

Otro momento importante vino durante un periodo sabático de tres meses, donde lo reduje a un día de trabajo a la semana y seis días de Sabbat. Implicaba muchísimo más esfuerzo adaptarse al ritmo del descanso de lo que yo había esperado. En el proceso, descubrí que muchas de las conductas con las que yo había estado luchando en la vida crecieron a raíz de un deseo profundo de tener paz interior.

Mi idea de paz radicaba en unas vacaciones de verano como cuando era niño: días interminables al aire libre bajo un cielo azul, recostado sobre el pasto verde observando figuras en las nubes, sin fechas de entrega, actividades por realizar o responsabilidades que interrumpieran mi gozo. ¡Oh, tiempo libre! A lo largo de mi vida me vi esforzándome por crear mini-vacaciones de verano, porque pensaba que encontraría la paz ahí.

Pero aquí estaba, en descanso sabático, con todo el tiempo libre que quería. ¡Y no podía disfrutarlo! Aun cuando estuviera recostado sobre la hierba cerca del lago en un día hermoso, no me sentía pleno. La ansiedad de toda la vida me seguía invadiendo. Lo que en realidad perseguía no era tiempo libre, sino tener paz, pero la paz que yo ansiaba no la encontraba en mi tiempo libre. ¿Dónde entonces iba yo a obtenerla?

Así que empecé a hablar con Jesús sobre mi deseo: «Jesús, estoy gastando toda mi energía en tratar de obtener paz y no la encuentro. ¿Me puedes dar algo de Tu paz?». Un cambio relevante estaba sucediendo dentro de mí en la medida que yo comencé a dejar ir lo que yo pensaba traería paz, y le entregué ese anhelo a Él. Le estaba empezando a preguntar cada vez menos sobre lo que necesitaba hacer, y empecé a preguntar cada vez más acerca de…bueno, simplemente, acerca de *nosotros*:

> - *Jesús, ¿qué te agrada de mí hoy?*
> - *Tony, me gusta cómo planeas y pones las cosas en su lugar. Eres increíble. Haces que las cosas difíciles sean fáciles de entender.*
>
> - *Jesús, me siento un fracaso el día de hoy. ¿Quién dices Tú que soy yo?*
> - *Me perteneces. Es todo lo que importa. Te amo profusamente.*
>
> - *Jesús, ¿de qué forma estás orgulloso de mí?*
> - *Estoy orgulloso de ti de que nunca te rindes. A través de todo el dolor que has sufrido, no solo sobreviviste; te ha hecho más fuerte. No me cuesta decirte «¡bien hecho!»*
> - *Quiero que sepas, Jesús: estoy orgulloso de Ti, también.*
>
> - *Padre, ¿de qué manera soy importante para Ti?*
> - *Esta vez no recibí palabras, sino la imagen de ser recogido y alzado en Sus brazos, en un abrazo íntimo, amoroso y jubiloso. Danzamos.*
>
> - *Jesús, me pregunto si ¿sudaremos en el Cielo?*
> - *Bueno, -contesta, riéndose- ¡Ven y descúbrelo!*

Lo que captó mi atención fue que cuando empecé a orar de esta manera, mi porcentaje de oraciones contestadas se elevó súbitamente por alrededor del 1000 %. Era como si Jesús estuviera ansiosamente esperando para que le preguntase sobre lo que más le importaba a Él, y cuando lo hice, se desató todo un torrente de conversación. Esto no significaba que Él no quisiera contestar mis oraciones antes; Él simplemente deseaba que ambos habláramos acerca de nuestra relación y del romance, en lugar de simplemente hablar sobre el quehacer (de ser cristiano).

Es como en un matrimonio: puedes entrar en un estado donde todo lo que hablas sea sobre pagar cuentas y cómo disciplinar a los hijos y de quién es el turno para lavar los platos. Es fácil quedar envuelto en las ocupaciones de la vida, que te olvidas del romance de estar casado con una hermosa mujer. No te uniste en matrimonio para que ambos dirigiesen un negocio juntos (¡eso espero!), te casaste para tener una relación. ¡Es la misma razón por la cual Jesús te buscó!

Hablar sobre la relación

La clave para hablar sobre la relación es involucrar o interactuar con Jesús, al nivel de tus anhelos, en lugar de involucrarlo con cosas o situaciones puramente intelectuales. Los anhelos están dentro de todos nosotros. Fuimos creados como seres humanos con un inherente anhelo o deseo por cosas como el amor, la aceptación, la libertad, la seguridad o el sentido de pertenecer (véase el diagrama de anhelos abajo). En nuestro diseño original, esas necesidades iban a ser satisfechas en nuestra relación con nuestro Padre. En el andar y el conversar en el Jardín (del Edén) en el fresco del día, la aceptación total, el amor, así como el sentido de pertenecer que experimentaríamos, se desbordarían hacia el mundo que nos había entregado para trabajar. Nuestros anhelos nunca fueron destinados para ser negados o disciplinados, sino para ser satisfechos.

La conversación que Jesús más desea contigo gira en torno a satisfacer esos deseos. Caminar y platicar contigo en el fresco de la tarde: ese es el deseo de Su corazón. En este mar de deseos, Su anhelo más profundo es amarte bien, satisfaciendo incluso la parte más profunda e íntima de ti.

Identificando los anhelos

El orar por tus anhelos comienza cuando te conectas con aquellos que más fuertemente te motivan. ¿Es un deseo de ser añorado por otros, tener una vida relevante, cumplir con otros o tener éxito? Aquí hay un proceso simple para descubrir tus anhelos más profundos:

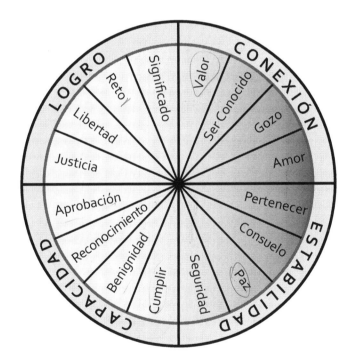

1. **Comienza con una emoción fuerte.** *Identifica una situación reciente donde tuviste una emoción fuerte. Las emociones representan la manera más fácil de identificar los anhelos, ya que ellas quitan todos los «debería de» y «tengo que» de nuestras mentes racionales que causan confusión en el asunto.*

2. **Identifica tu respuesta.** *¿Cuál fue tu reacción ante la situación? ¿Te alejaste, lloraste de gozo, te defendiste, te relajaste, trataste de caerle bien a otros o qué fue lo que hiciste?*

3. **Haz la pregunta acerca del anhelo.** *Considera tu reacción y pregúntate, «¿qué obtengo de esta reacción?» Reaccionaste de esa forma porque pensaste que obtendrías algo a cambio. ¿Qué esperabas obtener?*

4. **Examina a fondo.** *Hazte la pregunta acerca del anhelo una y otra vez, hasta que identifiques el anhelo en el diagrama superior. (Encontrarás este proceso más sencillo si le pides a un amigo que te haga dichas preguntas en lugar de hacerlas tú mismo).*

Por ejemplo, digamos que recientemente estuviste en una situación de conflicto que suscitó sentimientos fuertes en ti (paso 1). La emoción que sentiste fue miedo y tu reacción fue retirarte y salir de la habitación (paso 2). Así que pregúntate: «¿qué obtuve al retirarme?» (Una forma alternativa de la pregunta acerca del anhelo sería, «¿qué temí que hubiera pasado *si no hubiera* respondido de esa manera?»)

La respuesta podría ser: «Conseguí alejarme de la situación del conflicto». Ahora hazte la pregunta: «¿Qué conseguí al salir del conflicto?» Tal vez digas: «Conservar la relación, tenía miedo de que pudiera terminar». Entonces podrías preguntarte, «¿Qué obtendrías al conservar la relación?» Continúa haciendo estas preguntas acerca del anhelo, y puede ser que te muestre un deseo profundo de pertenecer, de ser amado o ser valorado.

Encontrando tu anhelo profundo en la relación

Una vez que hayas identificado fuertemente en ti un anhelo de la rueda de los anhelos (página anterior) invita a Jesús que te muestre la forma en que Él lo está satisfaciendo. «Jesús, ¿qué es lo que ves más valioso en mí?» o, «Jesús, dime cómo te pertenezco.»

En esencia, estás invitando, a la *relación misma* con Jesús a satisfacer tu deseo de pertenecer o de valer, en vez de volverte hacia algo en este mundo (evitar el conflicto) para satisfacerlo. Para dar otro ejemplo, en mi historia personal sobre cómo encontrar paz, pensé que pasar tiempo libre en un entorno precioso era lo que satisfaría mi anhelo. Todo cambió cuando abandone el objetivo (tiempo libre) que creí que me traería paz, así que mejor le pedí a Jesús que satisficiera mi anhelo directamente.

Desafortunadamente, tendemos a poner los objetivos mundanos como el centro de nuestras peticiones más apasionadas. «Señor, por favor envíame al hombre con el que voy a casarme. Sé que quieres que sea feliz»; o «Señor, cuando cierre este trato que me dará gran seguridad financiera, una vez conseguido te daré el resto de mi vida para las misiones»; o «¡Dios, lánzame ya a mi propio ministerio! Quiero vivir una vida significativa». Esas oraciones suenan nobles a primera vista.

Pero ¡en qué terrible postura ponemos a nuestro Padre! Él anhela responder a tu clamor, pero este tipo de oración le pide que *nos ayude* a apegar nuestro corazón a un objetivo en este mundo, un sustituto inferior de El mismo que seguramente nos herirá y nos dejará insatisfechos. Las alternativas que le damos son, o que nos ayude a construir una casa sobre la arena, o que al final acabemos desconfiando porque no nos da lo que creemos que necesitamos.

El hijo pródigo pensó que un objetivo terrenal (el dinero de su padre) satisfaría su anhelo: la libertad y el sentido de ser dueño de sí mismo, que era lo que deseaba. Cuando recibió la herencia, la usó para *alejarse de la relación* con su padre, yéndose a un país lejano. Sin embargo, el objetivo de su anhelo lo traicionó, y tuvo que perder amistades, estatus, el respeto por sí mismo y descender a la pobreza extrema, para descubrir que ese verdadero anhelo a satisfacer ya le estaba esperando en casa, en la relación con su padre.

Aquellos objetivos al que apegamos nuestro anhelo son así: nos roba lo que en realidad más deseamos. La persona que desea aceptación se pone una máscara para asegurarse de agradar a otros, y esa misma máscara impide que cualquier persona se acerque lo suficiente para proporcionar la aceptación que tan intensamente desea; o alguien que anhela vivir una vida significativa sacrifica todo en la búsqueda de una carrera, sólo para descubrir demasiado tarde que ha perdido a su esposa e hijos, y lo mejor de su legado con ellos.

No es la voluntad de Padre que entendamos esto de la manera difícil, así como el hijo pródigo. Simplemente relájate y permite que Él te de lo que realmente satisfaga tus anhelos más profundos.

Santiago habla sobre el problema de apegar tu deseo a un objetivo, cuando escribe: «¿De dónde vienen las guerras y los conflictos entre ustedes? ¿No vienen de sus pasiones que combaten entre ustedes? *Codician* y no tienen, por eso matan. Son envidiosos y no pueden obtener, por eso combaten y hacen guerra. *No tienen, porque no piden*. Piden y no reciben, porque piden con malos propósitos, para gastarlo en sus placeres» (Santiago 4:1-3).

La clave para entender este pasaje es captar que el sujeto es el *anhelo mismo*. En otras palabras, no tienen (su anhelo cumplido), porque no lo piden. Piden (su anhelo) y no reciben, porque piden por un objetivo mundano creyendo que este satisfará su anhelo, en lugar de pedir a Jesús que lo satisfaga directamente dentro de tu relación con Él.

Cuando oras por tu anhelo profundo, no estás solicitando algo temporal. Estás solicitando un encuentro íntimo y relacional con Jesús. Cuando tu Creador dice que eres hermoso, nadie puede decir lo contrario. Cuando el Rey del Universo dice que estás bien, esa es la última palabra. Cuando el Hijo te libera, eres verdaderamente libre.

Conocer Su voz

La oración acerca del anhelo no es una conversación en una sola dirección. La oración acerca de nuestros anhelos pide específicamente una *rhema*, una palabra personal y vivencial, de parte de Dios, que toque nuestros anhelos más profundos. Nada va a cambiar, aparte de que Dios te hable acerca de tus anhelos.

Saber y poder citar buena teología, no satisfará tus más profundos anhelos; ya que el lenguaje del corazón no es lógico y razonado, sino es en base a la experiencia de vida. Tu corazón anhela un toque íntimo de aquel que te ama profundamente.

Escuchar a Jesús hablarte de esta forma no es difícil. Sólo haz la pregunta y observa qué brota en tu mente y corazón en los siguientes minutos. Pueden ser palabras o una imagen, o simplemente una sensación de Dios presente ahí contigo de una cierta manera. A continuación, vuelve a comprobar si lo que has oído es coherente con el carácter de Jesús en las Escrituras. Es todo lo que debes hacer.

Hacemos esto un poco difícil, porque queremos una *prueba* de que aquello que oímos es realmente Dios. Estamos obsesionados con la pregunta: «¿Es Dios o sólo soy yo?» ¡Tenemos tanto miedo de oír mal que a menudo no oímos nada en absoluto!

La cuestión no es si realmente oyes algo cuando pides estas oraciones: Él hablará. La pregunta es más bien si tú crees que le has escuchado.

¿Es realmente tan sencillo? Bueno, si la pregunta es: «¿soy solo yo?» Piensa en lo que las Escrituras dicen al respecto. Si se trata de una pregunta importante a considerar, deberíamos esperar que los primeros cristianos también le preguntaran a Él. Y si es una cuestión crucial cómo lo hacemos, el Nuevo Testamento seguramente establecería cómo diferenciar entre la voz de Dios y nuestras propias ideas, ¿no lo crees?

Si es así, no puedo encontrar ningún rastro sobre esto. ¡Los escritores del Nuevo Testamento ni siquiera abordaron esta pregunta en ninguna de sus cartas a las iglesias! ¿Qué te dice eso sobre el esfuerzo que deberías invertir en esta situación?

He sido un «coach» a cientos de pastores, líderes del ministerio y a cristianos todos los días sobre cómo obtener la dirección de Dios en las grandes decisiones a las que se enfrentan. Cuando alguien viene a mí diciendo: «¡Ayuda! ¡Necesito escuchar a Dios y no estoy recibiendo nada!», casi siempre le toma menos de 30 minutos descubrir que Dios ya le *ha estado* hablando y que *está* escuchando, pero que simplemente no tiene la confianza para creer que lo que escuchó era realmente Dios.

Así que ten por seguro que puedes hacer esto. La parte más difícil de orar por lo que anhelas, es permitirte a ti mismo creer que la pequeña voz que escuchas es la voz de Dios.

Descripciones de anhelos

A continuación se presentan los 16 principales anhelos, cada uno con un conjunto de palabras relacionadas que amplían su significado. Si no estás seguro de qué es exactamente lo que anhelas, usa esta tabla para esclarecerlo.

Anhelo	Palabras relacionadas
Valor	Valor, validez, ser especial, respeto, honor.
Ser conocido	Entender, ser entendido, validación, ser reconocido.
Gozo	Felicidad, placer, diversión, cumplimiento, satisfacción.
Amor	Amar la intimidad, ser elegido, ser deleitado, interdependencia, afecto, relación, conexión con otro.
Consuelo	Alivio del dolor, ser sostenido, ser ministrado.
Pertenecer	Aceptación, relación, compañerismo, conexión, comunidad, familia, amistad.
Paz	Descanso, calma, tranquilidad, serenidad, contentamiento, soltar, integridad, desapego, plenitud.
Seguridad	Estabilidad, orden, ser protegido/proteger, provisión, esperanza.
Cumplir	Leal, confiable, fiel, digno de confianza.
Benignidad	Ser justo, puro, moral, de carácter, orgulloso de lo que has hecho.
Reconocimiento	Afirmación, ser especial, recompensado, honor, alabanza.
Aprobación	Bien hecho, ser aceptable, aceptación de otros.
Justicia	Idealismo, justicia, equidad, lucha por lo que es correcto.
Libertad	Autodeterminación, libre albedrío, flexibilidad, elección, ser yo mismo, autosuficiencia, resiliencia.
Significado	Legado, logro, poder para cambiar el mundo, importancia, influencia, ser parte de algo más grande, impacto.
Reto	Propósito, significado, un objetivo, el riesgo, sentido de estar vivo, emoción, la conquista de algo, alcanzar el potencial, victoria.
Necesidades físicas	Seguridad (ropa, vivienda), alimentación (comida, agua), aire, sueño, sexo, ejercicio/actividad.

CÓMO USAR
ESTE LIBRO

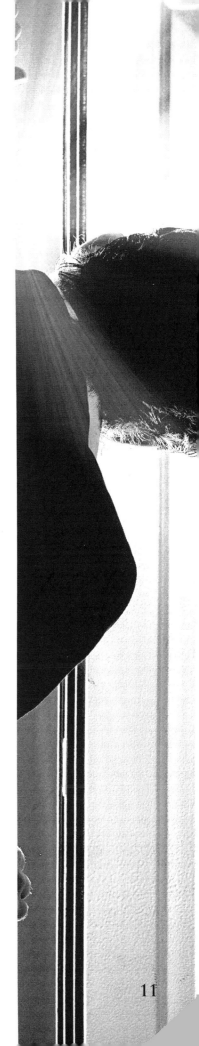

¿Cuándo fue la última vez que le preguntaste a Jesús que es qué lo que gusta de ti?

Preguntas para Jesús es una guía vivencial para desarrollar una profunda intimidad con un Dios bueno, al preguntarle lo que más deseas saber. Si deseas trascender más allá del «seguimiento de reglas», la repetición de palabras correctas y continuamente pedir que te saquen de problemas, y tener conversaciones reales con Jesús, este libro te ayudará a emprender esta experiencia.

La clave de *Preguntas para Jesús* es que te enseña a orar en el ámbito de tus anhelos más profundos. En cada lugar en el Evangelio de Mateo, en el que Jesús habla a lo que el corazón anhela, hemos proporcionado una meditación breve, un conjunto de cinco preguntas profundas a Jesús, y un espacio para plasmar Su respuesta cuando le preguntes.

El propósito de la meditación es que puedas *experimentar* lo que cuentan las historias de las Escrituras. El lenguaje del corazón es la imagen, la metáfora y la experiencia, no la lógica o las palabras. Por lo tanto, la conexión con Jesús a nivel del corazón significa leer estos pasajes como historias, no como conocimiento teológico. Es necesario adentrarse uno mismo en ellas, sentirlas y vivirlas. ¿Cómo se ve el escenario? ¿Qué están pensando y sintiendo los personajes? ¿Cuál es el meollo del asunto que estas personas enfrentan? ¿Cómo impactaría a mi corazón si estuviera allí?

Cada meditación es seguida por cinco preguntas a Jesús, que surgen de la historia, proporcionadas por un autor que es un profesional de clase mundial en el arte de preguntar. Algunas preguntas sondean lo que estaba sintiendo Jesús en esa situación; otras, le piden que trate directamente con un anhelo profundo de tu corazón, y otras sólo son entre Jesús y tú conversando sobre Su amistad. Como el mejor corolario en la tierra de la relación entre Jesús y Su iglesia, es el matrimonio, las preguntas suelen ser del tipo que dos personas enamoradas se harían el uno al otro.

En las páginas del diario, escribe de qué manera cada pasaje toca tus anhelos más profundos, aquello que Jesús responde a tus preguntas, o elabora tus propias preguntas.

Como devocional

Hay múltiples maneras en las que puedes utilizar este libro. *Preguntas para Jesús* contiene 52 meditaciones; al usarlo como un devocional, cubres un pasaje a la semana durante un año. Te recomendamos que utilices sólo una de las cinco preguntas por día para lograr una conversación con Jesús de ida y vuelta, después sólo responde a lo que Jesús te dice en la manera que te parezca apropiada.

Este libro cubre sólo un tipo de oración, por lo que probablemente quieras añadir otras cosas a tu devocional ¡Les animamos a ello!

Como diario

Hemos proporcionado páginas en blanco al lado de cada meditación para que puedas anotar las respuestas de Jesús. Él tiene Su forma de decir las cosas más asombrosas sobre ti, y el registro de ello te permitirá hacer un recuento y beber de esa revelación cada vez.

Como un agente de cambio

Los gigantes en nuestras vidas están enraizados en el ámbito de nuestros anhelos. El conflicto nos empuja o nos enoja o nos aleja, debido a que esta reacción nos da algo que desesperadamente queremos. Si puedes identificar el anhelo insatisfecho que impulsa tu comportamiento, puedes dar pasos para satisfacerlo dentro de tu relación con Dios. Y eso elimina la fuente de poder detrás de esta conducta, lo que hace mucho más fácil cambiar.

Al final del libro hay un índice que muestra los pasajes del Evangelio de Mateo que se correlacionan con cada anhelo. Así que, si tu estrategia de cambio incluye, por ejemplo, trabajar en la búsqueda de tu fuente de aprobación en Jesús, a la derecha verás los pasajes sobre la aprobación para orar por este anhelo.

Como un manual de oración

Este libro también está diseñado para enseñar los principios de cómo orar íntimamente. En primera instancia, las preguntas están diseñadas cuidadosamente para esperar una respuesta desde un lugar de fe en lugar de la duda, partiendo de la premisa de que Él ya está trabajando en lugar de estarle rogando que haga algo (ver páginas 18 y 19). Sumérgete en las preguntas y pronto aprenderás a construir las tuyas propias.

También hemos proporcionado ocasionalmente, artículos cortos acerca de los anhelos y la construcción de peticiones de oración de anhelos a lo largo del libro, para ayudar a comprender los conceptos fundamentales.

Como guía de estudio para grupo pequeño

Preguntas para Jesús es una emocionante manera de dirigir la vida de oración de un grupo pequeño a un nuevo nivel. Para comenzar puedes descargar gratuitamente *Preguntas para Jesús: guía para grupo pequeño* en **www.QuestionsforJesus.net**. Incluye bosquejos para las reuniones, preguntas de evaluación, con horarios para dos periodos de 13 semanas de clases cada uno, basadas en el libro y más. La *Guía* proporciona orientación para la oración diaria, además de ejercicios para la oración en grupo, ¡de manera que puedan celebrar juntos lo que Dios está hablándoles!

Recibe entrenamiento en cómo trabajar en los anhelos

Preguntas para Jesús y el concepto de orar por tu anhelo surgió del Leadership MetaFormation Institute, una organización capacitadora que enseña a los líderes a involucrarse con la vida desde el corazón, guiar a otros en la transformación del corazón, y construir culturas organizacionales donde vivir desde el corazón es la forma normal de vivir.

Los cursos innovadores, experienciales y formativos de LMI utilizan los encuentros con Dios, las artes, la música original, juegos didácticos, equipos relacionales y más, para descubrir cómo funciona el corazón. Verás cambios transformacionales en acción, encontrarás a Jesús en tus más profundos anhelos y aprenderás cómo involucrar al corazón en tu mundo.

Para obtener más información sobre el Leadership MetaFormation Institute, visita nuestro sitio web: **www.Meta-Formation.com** o llama al 800-234-2197. (Zona Horaria de California EE.UU.).

LOS
DEVOCIONALES

VALOR Y HONOR

Mateo 3:13-15

«Entonces Jesús vino de Galilea a Juan al Jordán, para ser bautizado por él. Mas Juan se le oponía, diciendo: Yo necesito ser bautizado por ti, ¿y tú vienes a mí Pero Jesús le respondió: Deja ahora, porque así conviene que cumplamos toda justicia. Entonces le dejó.»

Cuando te detienes a pensar en esto, es sorprendente que Jesús dio a entender «nosotros» al hablar de sí mismo y de Juan cumpliendo toda justicia. La perspectiva de Juan sobre la situación era, —¡Tú eres el Mesías! ¡No soy digno de ministrarte, eres Tú quien debería ministrarme a mí! — En cambio, Jesús lo anima, diciendo: —Es apropiado que hagamos esto juntos, como un equipo, y en este acto conjunto se «cumplirá toda justicia».

Al tratar a Juan como un compañero, Jesús le habla de su gran valor en su misión de vida. Jesús no lo consideró como un sirviente o un mandadero, sino como un amigo y compañero esencial.

El destino de Juan el Bautista fue ser el precursor del Mesías; y él lo ejercía con la autoridad suficiente para desempeñar su rol. Cuando se encontró con Jesús, Juan le ofreció cederle el ministerio, la autoridad y dárselos de nuevo a Jesús, pidiéndole que lo bautizara.

Pero en lugar de asumir el papel de Juan como bautizante, Jesús da honor a Juan sometiéndose a él. Él se somete a sí mismo al llamado de Juan, deja a Juan escoger (digamos que lo permite en este momento) cómo hacer las cosas, y le honra como socio e igual en el ministerio. En lugar de tomar el control tan pronto como entra en escena, Jesús escoge empoderar a Juan para que cumpla con su destino.

Tu eres un amigo, hermano y colaborador de Jesús también. El no desea tomar control de ti, más bien empoderarte a cumplir tu destino.

1. *Deja que Jesús te diga: —Es apropiado que cumplamos toda justicia. —Tú y Jesús son compañeros de trabajo en la tarea de «cambiar el mundo». Permítete empaparte de esta realidad. Entonces di: —Jesús, así es como me impacta cuando dices: «nosotros...».*

2. *Jesús, este pasaje rompe mi paradigma sobre la imagen de quién eres Tú, cuando Tú mismo te sometiste al ministerio de Juan y su autoridad. ¿Qué quieres mostrarme sobre quién eres por medio de esto?*

3. *Hay un profundo deseo en mi de ser significativo: de ser parte de algo más grande que haga una diferencia en el mundo. ¿Qué aprecias de mi parte en Tu gran misión?*

4. *¿Jesús, las cosas que sucedieron entre Tú y Juan, también suceden entre Tú y yo? ¿Cómo me das cierta autoridad para una misión en la que Tú mismo te apoyas o alineas?*

5. *Jesús, ¿cómo te impacta el hecho de que puedas realizar esta gran comisión junto conmigo?*

DIARIO

APROBACIÓN, RECONOCIMIENTO

Lucas 3:22b; y Mateo 3:17b

«Tú eres mi Hijo amado; en ti tengo complacencia.»

Durante el primer acto del ministerio de Jesús, en el que formalmente se entrega a su llamado, El Padre habla de Su aprobación a Su Hijo Jesús.

Cuando Jesús recibe esta gran afirmación, Él no había logrado ninguna cosa en el ministerio. Rara vez saliendo del pueblo donde creció, Jesús pasó muchos años incógnito mientras trabajaba.

Él opera el negocio familiar: construyendo casas, arreglando herramientas y elaborando muebles; trabajando con Sus manos para mantener a Su madre viuda. Eso es todo. Antes de que iniciara Su ministerio, antes de que fuera famoso, antes de que enseñara una sola palabra o hiciera algo para cambiar el mundo, el corazón de Padre se desbordaba de amor, afirmación y aprobación para Él.

La afirmación no es por lo que ha hecho, sino por quién es. Él es Su Hijo y eso es un hecho enormemente agradable a Dios.

Curiosamente, Mateo cita lo que aquellos que estaban cerca escucharon: «Éste es mi hijo amado...»; mientras que Marcos y Lucas relatan que el Padre dijo directamente a Jesús: «Eres mi hijo amado…». Jesús recibe una palabra personal de afirmación del Padre, y al mismo tiempo afirma a Jesús públicamente en quien es. Nuestro Padre quiere que todos sepan lo contento que está con Su Hijo.

Para comprender el impacto de este pasaje, recuerda que, en este momento de la vida de Jesús, sólo dos personas en todo el mundo saben quién es en realidad, Su madre y Juan; y a uno de ellos lo acababa de conocer en ese momento. Durante 30 años, Jesús no fue reconocido ni visto. Fue constantemente subestimado, fue dicho que era menos de quién era, sabiendo que en realidad nadie lo conocía. Al escuchar: «Tú eres mi Hijo amado» le habló de identidad, valor y sentido de pertenecer a Jesús.

En este día, Jesús se enfila a Su destino. Su Padre le anuncia y por primera vez, el profeta y la multitud le reconocen por quien realmente es.

1. *Deja que Jesús te diga: «tú eres mi hijo amado, en quien tengo complacencia». Empápate en esto. Deja que esas palabras penetren en tu corazón.*

2. *Jesús, ¿cómo soy yo un hijo para Ti? ¿Qué amas de mí como hijo?*

3. *Jesús, ¿cómo fue para Ti el hecho de que nadie te reconociera durante tanto tiempo? ¿Cómo lidiaste con eso?*

4. *¿Quién ves en mí, que nadie más ve?*

5. *¿Cómo me he desempeñado como un hijo, esta semana? ¿Qué obtienes si yo me desempeño de esta manera?*

DIARIO

CONSTRUYE TUS PROPIAS
ORACIONES ACERCA DEL ANHELO

Las oraciones de este libro se basan en un conjunto de principios sencillos acerca de orar sobre tus anhelos. A continuación, se indica cada principio con ejemplos para aclarar su significado.

Tratar anhelos profundos

Una oración acerca del anhelo es una solicitud a un miembro específico de la Trinidad para tratar particularmente un deseo profundo de la rueda de los anhelos (ver página 7). Podemos preguntar, cómo Él nos ve: («Jesús, ¿qué tan hermoso soy para Ti, hoy?»), lo que cree de nosotros: («Está bien ¿por qué piensas *Tu* que puedo hacer esto?»), ¿por qué nos tratas tan bien?, ¿qué ha hecho por nosotros, que no nos hemos dado cuenta? («¿Cómo me has estado buscando las últimas 24 horas?») o qué es lo que Él siente: («¿Cómo te impacté cuando oré por aquella mujer y fue liberada?»). La oración sobre anhelos requiere que escarbemos profundamente en nuestro corazón y nos preguntemos qué es lo que realmente nos importa.

Creer en la benignidad de Dios

Las oraciones de anhelo se arraigan en el entendimiento de que Dios es bueno y que está totalmente a tu favor. Las palabras de oración asumen que Dios ya está actuando a tu favor, en lugar de pedirle cómo tienes que rogarle para que actúe. Así que en lugar de orar: «Padre, *¿me amas?*» pregunta entonces: «Padre, *¿cómo* me amas?» O en lugar de decir: «¿Jesús, me das Tu paz?» ora: «Jesús, *¿cómo* me has estado dando Tu paz, hoy?» Ora con fe creyendo que ya está operando por amor a ti, en lugar de orar de una manera que exprese dudas acerca de Sus buenas intenciones.

Es sobre la relación, no sobre el quehacer

Mi esposa y yo dirigimos un negocio juntos, y si no tenemos cuidado podemos terminar hablando de flujos de caja, puntos de acción, problemas del personal y nunca experimentar el romance del matrimonio. Las oraciones acerca del anhelo fluyen del lado romántico de tu relación con Dios. En lugar de preguntar sobre el quehacer: («¿Qué debo *hacer* hoy?») pregunta acerca de la relación: («¿Qué *amas* de mí, hoy?») Las oraciones acerca de los anhelos son sobre el amor, la aceptación, la seguridad, el significado, la libertad, anhelos que son tratados en una relación de intimidad, y no sobre hacer cambios, arrepentimiento por errores o tratar de hacer cosas.

Recibir en lugar de luchar

Es el deleite de nuestro Padre satisfacer nuestros anhelos mediante Él mismo, para darnos y vernos recibiendo. Sin embargo, a menudo nos acostumbramos a orar por cosas que «hacer» y no entramos en una postura de recibir donde Él nos puede satisfacer. Una oración acerca del anhelo es para ver cómo Jesús está tratando tu corazón, no sobre lo que debes hacer para que eso suceda. Por ejemplo, en lugar de pedir: «Jesús, *ayúdame* a vivir Tu paz» mejor pregunta, «Jesús, ¿cómo me has estado entregando *Tu* paz hoy?» O en lugar de decir: «Padre, ¿cómo puedo *yo* amar hoy?» pregunta: «Padre, ¿cómo *Tu* me amas hoy?»

Pedir una palabra vivificada (*Rhema*)

Algo extraño sucede, a menudo, cuando comenzamos a orar acerca de nuestros anhelos. En lugar de esperar a que Jesús responda a la pregunta, comenzamos a recitar los principios religiosos que nos han enseñado en el pasado. En otras palabras, instintivamente sustituimos el encuentro del corazón, por el conocimiento intelectual. Las oraciones acerca del anhelo son una solicitud para recibir una «rhema»: que Jesús nos hable una palabra personal, inmediata, y viviente hacia nosotros en el momento. El orar acerca de tu anhelo es una conversación dinámica, no es solo recitar teología. Éste es el lugar en el que la palabra conversacional (rhema) desarrolla la fe de una manera distinta que la palabra escrita (logos). (Ver Romanos 10:17).

Son probadas por la Palabra (Logos)

Cuando escuches algo, compáralo con lo que sabes de las Escrituras y el carácter de Jesús. Las ovejas conocen Su voz, así que pregunta: «¿esto suena como que es Él?» Si le preguntas: «¿qué te gusta de mí, hoy?» Y escuchas: «Nada, eres un fracaso total,» ¡eso no es consecuente con las Escrituras y no suena como alguien que vino a morir por nosotros! Afirmarte en la Biblia es una parte vital para orar acerca de tu anhelo. Sin el *logos* para confirmar nuestra experiencia *rhema*, probablemente las cosas se vuelvan raras muy pronto.

SIGNIFICADO

Mateo 4:18-20

«Cierto día, mientras Jesús caminaba por la orilla del mar de Galilea, vio a dos hermanos —a Simón, también llamado Pedro, y a Andrés— que echaban la red al agua, porque vivían de la pesca. Jesús los llamó: Vengan, síganme, ¡y yo les enseñaré cómo pescar personas! Y enseguida dejaron las redes y lo siguieron.» (NTV)

Jesús llama a todos a ser parte de una gran aventura con Él. Pero aquí, la invitación viene a hombres atrapados en la rutina diaria de ganarse la vida y criar una familia. Desempeñándose en la peligrosa y agotadora ocupación de la pesca, trabajaban largos días (o noches), perdiéndose mucho de la vida social de la comunidad. Estos hombres de negocios eran dueños de sus propios barcos, vendían su propio producto y, a menudo, viajaban para comercializarlo. Hablaban varios idiomas y vieron más del mundo que la mayoría.

Sin embargo, sus oportunidades eran limitadas de forma inimaginable para nosotros. Ellos fueron pescadores como sus padres, durante toda su vida, trabajando en un pequeño pueblo. Su horario era determinado por el clima y las estaciones del año, su comportamiento guiado por las estrictas expectativas de su comunidad y su religión.

Entonces Jesús pasa por ahí, detonando su mundo con un llamado tan significativo que apenas creyeron posible que pudiera pensar posible. Que dejaran todo allí mismo en la playa y nunca regresaran, habla mucho sobre su estado de ánimo. ¿Estaban satisfechos con su suerte en la vida? ¿Hambrientos de algo más? ¿Desesperados por cualquier cosa que rompiera con la monotonía?

Ahora, en lugar de atrapar peces, atraparían gente. En lugar de luchar con las olas para poner comida sobre la mesa, harían campaña a favor de un propósito eterno. Los hombres sin oportunidad de progresar de repente tenían la oportunidad de lograr más. Jesús estaba llamando a un hombre con perfil dominante (Pedro) para hacer algo digno de su energía y habilidades; tocando el anhelo profundo de su misma personalidad, de enfrentar retos significado, y Pedro aprovechó esta oportunidad.

1. *Jesús, ¿qué experimentaste cuando llamaste a Pedro y Andrés, en la playa, y prontamente dejando atrás su trabajo y corrieron hacia a Ti? ¿Cómo tocó esto Tu corazón?*

2. *¿Cuál es un área de mi vida, que ves algo más en mí que yo no puedo ver en mí mismo?*

3. *Estos hermanos se convirtieron en algunos de tus amigos más cercanos. ¿Qué viste en ellos, que te llevó a que los invitaras a Tu círculo más íntimo? ¿Qué ves en mí, que te llevó a darme esta misma invitación?*

4. *Llamaste a estos hermanos de forma tal que validaste su experiencia de vida, lo que sabían era pescar, y Tú los llamaste a ser pescadores de hombres. Todo lo que habían aprendido lo pusieron en práctica. ¿Qué hay en mi pasado que he descartado como «carnal o común» y que en realidad es sobre lo que se está construyendo mi destino?*

5. *¿Qué significaron para Ti estos hermanos durante Tu tiempo aquí en la Tierra?*

DIARIO

JUSTICIA

Mateo 5:1-3

«Cierto día, al ver que las multitudes se reunían, Jesús subió a la ladera de la montaña y se sentó. Sus discípulos se juntaron a su alrededor, y él comenzó a enseñarles. Dios bendice a los que son pobres en espíritu y se dan cuenta de la necesidad que tienen de él, porque el reino del cielo les pertenece.» (NTV)

«Viendo la multitud, subió al monte; y sentándose, vinieron a él sus discípulos. Y abriendo su boca les enseñaba, diciendo: Bienaventurados los pobres en espíritu, porque de ellos es el reino de los cielos.»

Jesús habló sobre toda una serie de anhelos en el Sermón del Monte, un mensaje destinado a «atraer a todos los hombres hacia Él», al hablar sobre los anhelos más profundos de sus corazones. Ya sea justicia para los pobres, una herencia increíble para aquellos quienes no se aferran por las cosas, o consuelo para el que sufre. Cada anhelo profundo es satisfecho en el Reino de los Cielos. Las bienaventuranzas son la enseñanza en las que Jesús expone Su concepto de anhelo satisfecho en Él, como un árbol de vida.

Él habla a una nación, bajo el yugo de un conquistador extranjero, la cual es sometida a impuestos agobiantes. El sistema tributario fue diseñado para atraer a los operadores más despiadados y corruptos. El único ingreso de estos subcontratistas privados era cuánto dinero por encima de la tasa tributaria de ese tiempo podían extraer de sus conciudadanos. Estos eran impuestos sobre terrenos y sobre el ingreso, impuestos por comicios, impuestos por ventas y servicios, cobro de puentes y carreteras, deudas del pueblo, impuestos del templo, aranceles de importación y exportación…

Cuando experimentamos injusticias, es fácil dejarse atrapar por el enojo y la frustración debido a nuestras circunstancias. Aun así, Jesús dice que el anhelo colmado viene al enfocarse en la justicia del Cielo, no en la injusticia en la tierra. Enojarse por tus impuestos o quejarse por cómo el sistema se aprovecha de ti, no te lleva a ninguna parte.

La invitación de Jesús a la vida es esta: «Piénsalo de esta forma: ¡eres realmente afortunado si en estos momentos experimentas pobreza o injusticia! Entre más pronto te des cuenta de que tus anhelos jamás serán colmados en este mundo, tu corazón se apegará al Cielo».

Los pobres de esta vida tienen reinos completos aguardándoles y vivirán como reyes en el Cielo. Hay justicia en el Reino de Dios y tú lo vas a experimentar, y colmará tu deseo de bienestar en todas las cosas. Las pérdidas y las carencias de esta vida sólo te destinan a la abundancia en este Reino que es mejor.

1. *¿Qué es lo que he visto en mi vida como pérdida, pero que en realidad hizo un hueco en mí para tener más de Ti?*

2. *Jesús, ¿qué sucede en Tu corazón cuando ves a los pobres? Déjame experimentar algo de lo que Tú experimentas cuando los miras a ellos.*

3. *Jesús, aquí está mi ira ante la injusticia que he experimentado. ¿Qué deseas darme a cambio?*

4. *Jesús, experimenté una gran pérdida cuando _____. ¿Cómo satisfarás ese anhelo en el Cielo?*

5. *Jesús, ¿de qué cosas me puedo soltar hoy para poder experimentar anhelos cumplidos en el Reino de los Cielos?*

DIARIO

CONSUELO

Mateo 5:4

«Dios bendice a los que lloran, porque serán consolados.» (NTV)

«Bienaventurados los que lloran, porque ellos recibirán consolación.»

Aquí, Jesús habla al profundo anhelo de tener paz (consuelo, libertad del dolor), a aquellos quienes se afligen y lamentan por las heridas y las pérdidas del mundo. Curiosamente, la palabra del griego para «consuelo» tiene un doble significado: instar, exhortar, implorar o suplicar. El Espíritu Santo, quien nos consuela, está al mismo tiempo implorando y suplicando al Padre para que tome acción por nosotros. El Consolador es simultáneamente el Intercesor, y el consuelo del Espíritu Santo es inseparable de la Deidad que lucha a nuestro favor.

Estar en la presencia del Espíritu es ser consolado, ya que eso es lo que Él es. Cada susurro de Su voz no es solamente un consuelo, sino también una exhortación a zambullirse, involucrarse profundamente y abrazar el Reino de Dios. El llamado del Espíritu a la santidad está envuelto en el consuelo, de la misma forma que dicho consuelo está envuelto en la intercesión. La forma en la cual reconocemos la voz del Consolador es cuando entra en nosotros como paz y nos llama a gloria.

Y el Espíritu Santo está eternamente y sin descanso a favor de nosotros, siempre exhortando al Padre que se muestre a sí mismo a favor nuestro. No puedes interceder sin estar a favor de la persona por la cual estás orando. Del mismo modo, el Intercesor está siempre de nuestro lado. La forma en la cual conocemos la voz del Intercesor es que Él siempre cree y quiere lo mejor para nosotros.

1. *Consolador, esto es por lo que estoy en duelo: _____. Permíteme experimentar quién eres, en esta situación.*

2. *Consolador, muéstrame tu lado Intercesor. Cuando me estas consolando en mi duelo, ¿qué es lo que le imploras al Padre hacer al mismo tiempo?*

3. *Consolador, ¿qué significado tiene para Ti «consuelo»? ¿Y qué significado tiene para Ti «paz»?*

4. *Padre, Tú experimentas pérdida y dolor cada día cuando hacemos cosas tontas, y te afliges sobre esas cosas tal como Jesús lloró por Jerusalén. Y aun así el Espíritu, quien eres Tú, es llamado «Consolador». ¿Cómo viene el consuelo en medio de todo eso? ¿Y cómo te aflige y sigues siendo Dios?*

5. *Padre, escogiste perder lo que más querido es para Ti: Tu Hijo. Y, Jesús, Tú también perdiste lo que era más querido para Ti: Tu relación con El Padre se rompió en la Cruz. Ayúdame a entender qué significó esa decisión para Ti.*

DIARIO

CONTENTAMIENTO

Mateo 5:5

«Dios bendice a los que son humildes, porque heredarán toda la tierra.» (NTV)

«Bienaventurados los mansos, porque ellos recibirán la tierra por heredad.»

Piensa por un momento acerca de lo que significaría heredar la tierra. ¿Hay un lugar especial en el que siempre has querido vivir? ¡Es tuyo! ¿Quieres pasearte en tu bata de baño para disfrutar de una taza de café recién molido y un espectacular amanecer de la terraza? ¡Hecho! ¿Sueñas con viajar a Bora Bora para remar todo el día en las aguas color turquesa sobre el arrecife de coral? Tu jet privado está esperando en el aeropuerto. ¿Necesitas algo más? Porque los recursos de un planeta entero están a disposición.

Jesús habla de una recompensa extravagante para aquellos que no toman ventaja egoístamente o tratan de tomar lo que creen que merecen. «Deja ir, y todo vendrá a ti como un regalo especial de Mí», es el mensaje. Aquellos dispuestos a dejar de satisfacer sus anhelos en las cosas, experimentarán su deseo cumplido y obtendrán en abundancia en el Reino de los Cielos por añadidura.

Los mansos heredarán la tierra, por una simple razón: ¡Porque todos los demás quieren que lo

haga! Los mansos tratan a otros correctamente y eso hace que otros se sientan atraídos por ellos, a confiar en ellos, y a retribuir el respeto que dan. Los mansos son creadores de la amistad, la imparcialidad y de satisfacer anhelos en las relaciones. Los mansos no se aferran a las cosas, sino que las distribuyen para satisfacer los anhelos de los demás.

Este principio opera relacionalmente en la tierra, pero en el Cielo se convierte en una realidad física. El manso camina con autoridad, aquí en el ámbito del corazón, porque saben honrar el corazón. Y en el Cielo, adonde el ámbito del corazón y del espíritu interior van primero en importancia, también opera de este modo la autoridad de los mansos. La multitud del Cielo se deleitará en decir sobre los mansos: —Hicieron tan bien en sujetar ligeramente las cosas en la tierra que todos éramos bendecidos, así que ¡les damos el planeta entero!

1. *Jesús, ¿qué sientes al darles lo mejor en el Cielo, a los que obtuvieron lo mínimo en esta vida y? ¿Qué tanto gozo sientes al poner el mundo de cabeza?*

2. *Jesús, ¿cómo fuiste manso (no siendo egoísta o poniéndote primero) en la vida? Me gustaría conocer mejor ese lado de Ti.*

3. *¿Dónde ves la mansedumbre en mí? ¿Qué te gusta de esto que ves?*

4. *¿Cómo has sido manso conmigo esta semana?*

5. *¿Quién a mi alrededor se parece a Ti en esta área? ¿Quién conlleva bien Tu mansedumbre? ¿Qué puedo aprender acerca de quién eres cuando los observo?*

DIARIO

OBSTÁCULOS

Tiempo atrás asistí en mi rol de «coach» a una líder muy inteligente que estaba luchando en su relación con Dios. «¡Intento hacer estas oraciones acerca del anhelo y simplemente no oigo nada!» proclamó frustrada. «Es como si Dios simplemente me ignorara o se hubiera olvidado de mí, o algo por el estilo».

Me identifique con ella... yo también he tenido ocasiones en las que me doy por vencido de poder escuchar la voz de Dios. Pero queriendo saber más, le dije: —Bueno, intentemos una oración acerca del anhelo y veamos qué pasa. Tomate un momento y pregunta una cosa a Jesús, como:«¿Qué es lo que amas de mí hoy?»

Momentos después, ella respondió. -De acuerdo, esto es lo que obtuve, pero probablemente sólo está en mi cabeza. Sabes, es lo primero que pensé. No quiero malinterpretar a Dios ni a nada.

— ¿Y qué obtuviste?

—Bueno, como dije, probablemente solo soy yo. Estaba pensando que Él ama cómo me mantengo firme y no me rindo fácilmente.

— ¿Eso es lo que Dios dijo?

—Ummm... supongo que podría ser.

— ¿Puedes tomar una decisión aquí? ¿Es Dios o no fue Dios?

—No estoy segura.

—Está bien, vamos a intentarlo de nuevo. Escuchar a Dios es un proceso, no una prueba. Aprendes cómo hacerlo poco a poco. Qué tal esta pregunta: «Jesús, ¿en qué me parezco a Ti?»

Esperé un poco, entonces ella habló, obviamente con un tono de decepción. Realmente no escuché nada.

—Dime más al respecto.

—Mi mente estaba divagando por aquí y por allá. No me parece que nada de esto fuera de Dios, más bien sólo mis pensamientos propios.

— ¿Y que eran…?

—Bueno, esto es lo que me vino a la cabeza. Estaba pensando en mi nieto, y luego pensé que una forma en que me parezco a Él es que establezco límites como padre o madre de familia. Pienso por adelantado sobre lo que podría ir mal o cómo Johnny podría resultar herido, y trato de ayudarlo a mantenerse fuera de esas situaciones. Pero esos parecen ser sólo mis pensamientos. El hecho de que apareciera en mi mente no significa que fuera Dios.

—Eso suena como algo que Él diría.

—Bueno… tal vez. Es posible.

—Estás siendo evasiva. ¿Puedes sacar el «tal vez» de esta frase?

—Supongo. Podría ser la voz de Dios.

Me reí entre dientes ante su fracasado intento de no ser asertiva, luego le dije: —De acuerdo, inténtalo una vez más. «Jesús, ¿cómo has estado activo en mi vida en las últimas 24 horas?»

Después de un momento de silencio, ella respondió. —Mi nieto está con nosotros hoy, así que pensé en cómo me hace bajar la velocidad y vivir más en el momento. Eso es algo por lo que he estado orando para tratar de mejorar. Pero era sólo un pensamiento —añadió apresuradamente—. —No se, no estoy muy segura de que estaba realmente escuchando a Dios.

—Si estuvieras realmente escuchando a Dios, ¿cómo sonaría?

—Supongo…. que sabría que es Él. De vez en cuando Dios me golpea en la cabeza con un bate de béisbol, y lo confirma de diferentes maneras, y sólo sé que es Él. Supongo que sólo soy una persona que necesita muchas pruebas concretas.

— ¿Entonces lo que estoy escuchando es que quieres que Dios te golpee en la cabeza con este bate para que estés completamente segura de que es Él hablándote?

—Bueno, no cuando lo pones así.

—Entonces, ¿qué es lo que tú quieres?

—Supongo que sólo quiero oír Su voz tenue, eso es todo. Quiero aprender a escucharle hablarme suavemente y no siempre con el bate de béisbol. ¿Es mucho pedir?

Respondí, — No, eso es algo grande que pedir.

—Entonces, déjame hacer una observación. ¿Cuántas veces dijiste «tal vez» o «probablemente» o «supongo» o «pienso» o «podría» en los últimos diez minutos?

Ella se rió nerviosamente. —Muchas veces...*creo*.

Fue en este momento que ambos nos reímos.

— ¿Notaste cuánta energía gastaste tratando de convencerme, y ti misma, de que Jesús no estaba hablando contigo? Cada vez que orábamos, algo venía a ti, pero era muy difícil que admitieras que algo era de Dios sin agregar un «probablemente» o «tal vez». Parece que estás protegiendo tu corazón; que, si realmente te permites creer que es Él, algo malo podría sucederte. ¿Tiene sentido?

—Sí, lo tiene. Supongo que tengo miedo de decepcionarme de nuevo. Me he sentido ignorada tantas veces que siento que abrir la puerta de nuevo para permitirme creer tal vez sea demasiado doloroso. Mira, ¡lo hice de nuevo! Acabo de decir «tal vez».

—Buena reflexión. Así que cada vez que Jesús trata de hablar suavemente, esa reacción es la barrera que Él tiene que atravesar. Toda esa energía que gastas para probar que no es Él, para invalidarlo. Todos estos recuerdos y el miedo de sentirte decepcionada son un muro enorme por escalar y conquistar

— ¡Oh! Nunca me había dado cuenta de esto antes.

— ¿Puedes ver ahora por qué crees que Dios tiene que golpearte con un bate?

—Sí, siempre que habla suavemente, lo bloqueo

— ¿Te gustaría cambiar eso?

— ¡Sí! Pero... no sé cómo.

—Te diré algo, prueba este experimento. Tu decide si suena convincente, y no lo hagas a menos que realmente quieras. ¿Qué tal si durante una semana decides creer que has oído hablar a Dios? Sin cuestionar, sin intentar explicarlo y sin decir que todo está en tu cabeza, sólo aceptar que Dios estaba hablando. ¿Qué piensas de esa idea?

— ¡Oh! Suena arriesgado. Algo estimulante y retador, también.

— ¿Cuál es el riesgo?

—Que me decepcionaré. Que Dios me ignorará, y no volveré a oír nada.

—Y si sigues haciendo lo que estás haciendo ahora, si conservas este muro, ¿escucharás alguna cosa?

—No. Es una garantía que no escucharé nada, ¿verdad? El muro que he estado usando para protegerme a mí misma de sentirme decepcionada, resulta ser en realidad lo que me obstaculiza de lograr lo que más quiero, intimidad con Dios. Así que quedarme como estoy no me da nada.

—Entonces, ¿qué piensas?

—Está bien, ¡lo intentaré!

BENIGNIDAD

Mateo 5:6

«Dios bendice a los que tienen hambre y sed de justicia, porque serán saciados.» (NTV)

«Bienaventurados los que tienen hambre y sed de justicia, porque ellos serán saciados.»

A menudo nuestra hambre y sed de benignidad toma lugar en una batalla de voces que compiten unas contra otras. Nuestra fe nos habla de un Hijo de Dios que nos amó lo suficiente para morir por nosotros, mientras que nuestro crítico interno hiperactivo nos dice que no somos merecedores por ser indignos y haber estropeado nuestra vida. En el fondo anhelamos la firme experiencia de saber que estamos bien, que hemos hecho lo correcto con nuestras vidas.

Jesús nos habla a esta añoranza de la benignidad con una simple analogía alimentaria. Si tienes hambre de justicia, recibirás un boleto para un buffet de alimentos interminable. Si tu garganta se reseca con una sed de estar bien con Dios, tendrás una eternidad de acceso a agua eterna. El precio de entrada al banquete no es lo que la cultura judía asumió «hacer cosas buenas», sino simplemente tener hambre. El anhelo satisfecho estará allí para quien lo pida.

La palabra traducida «satisfecho» (chortazo) es usada en el Nuevo Testamento cuando la gente está satisfecha después de comer, como en la alimentación de los 4000, en la que «da gente comió hasta quedar satisfecha (chortazo)» (Lucas 9:17). También es usada por Pablo en Filipenses 4:12 «Sé vivir humildemente, y sé tener abundancia (chortazo); en todo y por todo estoy enseñado, así para estar saciado como para tener hambre, así para tener abundancia como para padecer necesidad.» Cuando Jesús satisface tu anhelo, es tan abundante como una buena comida.

Las palabras de vida de Jesús son un poderoso antídoto para una conciencia atemorizada que dice que no somos bienvenidos al banquete. Por lo tanto, «Así que, hermanos, teniendo libertad para entrar en el Lugar Santísimo por la sangre de Jesucristo…acerquémonos con corazón sincero, en plena certidumbre de fe, purificados los corazones de mala conciencia, y lavados los cuerpos con agua pura.» (Hebreos 10:19-22).

1. *Jesús, ¿qué hay en el menú de hoy? ¿Cómo quieres satisfacer mi deseo de benignidad hoy?*

2. *Jesús, ¿qué dirías hoy a mi crítico interior, esa voz que siempre me está diciendo que no soy lo suficientemente bueno para Ti?*

3. *Jesús, ¿cómo te he tratado bien últimamente? ¿Cómo he sido bueno contigo?*

4. *Gracias por creer en mi deseo de ser bueno y de hacer el bien, Jesús. Y gracias por tratar conmigo de acuerdo con mis mejores anhelos y no a mis peores.*

5. *Jesús, ¿cómo sería mi deseo de benignidad plenamente satisfecho en el Cielo? ¿Puedes levantar un poco el velo y mostrarme?*

....
....
....
....
....
....
....
....
....
....
....
....
....
....
....
....
....
....
....
....
....
....
....

SEGURIDAD, SER CONOCIDO

Mateo 5:7

«Dios bendice a los compasivos, porque serán tratados con compasión.» (NTV)

«Bienaventurados los misericordiosos, porque ellos alcanzarán misericordia.»

La misericordia es tratamiento compasivo o con paciencia, especialmente en situaciones donde no es merecida. Ser misericordioso es perdonar a los ofensores y correr para consolar a los que sufren y aliviar sus angustias.

La misericordia aparece como un don en Romanos 12, una lista de diferentes tipos de expresión de cómo nos creó Dios. Aquellos con el don de misericordia son compasivos, fácilmente conmovidos por las necesidades y las heridas de los demás. Ellos son los que animan a los menospreciados, acogen a los desamparados, abrigan y auxilian a los marginados y hacen que los extranjeros se sientan bienvenidos.

Jesús se dirige a aquellos que creó para ser sensibles a las necesidades emocionales de otros, y que por diseño divino también son los que más fácilmente pueden ser lastimados. Les promete el consuelo y la seguridad que anhelan. «Ustedes que abren sus corazones a otros, que están dispuestos

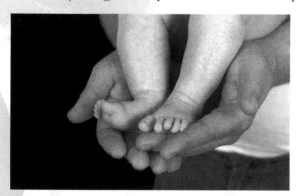

a entrar en su dolor, encontrarán que mi corazón está siempre abierto a ustedes, y Yo seré su Sanador». Los que dan compasión recibirán una compasión desbordante según su anhelo. Él ve y sabe lo que han dado. Jesús está satisfecho por sus dones, y cruzará la expansión del universo para satisfacer su anhelo de misericordia.

Pero no se equivoquen: esto no es una débil y temerosa misericordia, impotente para resistir los crueles golpes del mundo. La mansa compasión de Jesús está envuelta en la furiosa voluntad de una mamá-osa protegiendo a sus oseznos. Es una fuerza de la naturaleza, un tsunami aplastante, descendiente del Cielo para proteger y defender a los suyos, un poder para hacer frente a todas circunstancias y cambiar las naciones a tu favor. Su ternura irresistible ve nuestra debilidad y miseria; y dice: —¡Haré esto glorioso! *Voy* a vendar tus heridas y a redimir tu dolor, y ningún poder en el Cielo o en la Tierra podrá detenerme.

La misericordia de Padre y la compasión de Jesús están ahí para nosotros. ¡Pidámoslas!

1. *Jesús, anhelo vivir en un lugar donde una palabra mansa es recompensada con mansedumbre; y un acto de compasión con compasión; donde la crueldad humana no es parte de la ecuación. Háblame acerca de cómo será en el Cielo.*

2. *Aquí es dónde me duele y anhelo misericordia: _____. ¿Cómo quieres tratar eso en mí, hoy?*

3. *Jesús, has experimentado este versículo. Sabes lo que es vivir con un corazón abierto en un mundo cruel, y después probaste la misericordia del Cielo. ¿Cómo pasaste de tortura en la tierra a la gloria Celestial?*

4. *Jesús, cuéntame sobre Tu deseo de alcanzarme y mostrarme misericordia. Quiero entender por qué haces lo que Tú haces.*

5. *¿Cómo me ha seguido Tu misericordia en el transcurso de esta semana?*

DIARIO

BENIGNIDAD

Mateo 5:8

«Bienaventurados los de limpio corazón, porque ellos verán a Dios».

«Dios bendice a los que tienen corazón puro, porque ellos verán a Dios.» (NTV)

Recuerdo vívidamente dos clientes particulares de mis días como diseñador de muebles. Una de ellas emanaba pureza de su corazón. Ella venía de una familia no cristiana, y sólo decidió un día, aun siendo niña, que necesitaba ir a la iglesia, ¡Así que todos los domingos ella se vistió y caminó a la iglesia por sí sola!

Su cualidad definitiva era su actitud agradecida y disposición cálida. Le construimos un diseño personalizado de una cama de cerezo, hecho a mano, con el escudo familiar tallado en la cabecera. Ella disfrutaba cada paso del proceso. Venía y observaba cómo cada pieza se unía; halagaba a los artesanos por su trabajo. Y todo, *todo*, en el proceso de construcción de esa pieza fue construido bien. Sin problemas, ni errores. Esa preciosa cama acabó siendo publicada en un libro.

Un año más tarde, desarrollé un diseño hermoso, un conjunto de estanterías para otra cliente. Ella era exigente, meticulosa y desconfiada de nuestro trabajo. En ese proyecto, parecía que no podíamos hacer nada bien. El trabajo de talla fue decepcionante. Tuvimos retrasos. Los acabados, que incluían blanquear la madera, quedaron horribles, tuvimos que quitarlos y rehacerlo. Era como si su actitud envenenara todo el proyecto.

A través de los años, vi el mismo principio trabajando en las actitudes de nuestros clientes y sus muebles. Los de corazones puros, aquellos con conciencia limpia y una actitud agradecida, que no estaban actuando entorno a sus las heridas, vieron belleza, un esfuerzo honesto e integridad en el proceso. Sus proyectos siempre parecían desenvolverse muy bien. Con los clientes lastimados, desconfiados y negativos, surgían problemas a cada paso. No importaba cuánto nos esforzáramos, rara vez estaban satisfechos.

Cuando nuestro mundo interior está herido y sucio, ves la vida a través de esos lentes, y en todas partes percibes deshonestidad y corrupción. Cuando tu mundo interior es puro, ves a Dios en el mundo exterior.

Los corazones que están sanados y limpios perciben a Dios trabajando en todas las cosas. Los puros de corazón ganan lo que han anhelado y dedicado sus vidas a ver, comprender y experimentar a Dios. Es muy cierto. ¡Felicidad y fortuna son para aquellos con un corazón puro!

1. ¿Qué ves como un área de corazón puro en mí?

2. Jesús, ¿cómo fue mirar al mundo desde un corazón totalmente puro? ¿Cómo hace eso Tu perspectiva diferente a la mía?

3. Padre, muéstrame la vida a través de Tus ojos puros. ¿Dónde estás presente en mi mundo, hoy?

4. Jesús, anhelo ser completo y puro. ¿Cómo has estado respondiendo a ese anhelo en mí?

5. Padre, sólo quería que supieras que realmente estoy anticipando verte a Ti y a Jesús en el Cielo. Déjame decirte lo que eso significará para mí...

DIARIO

PAZ

Mateo 5:9

«Bienaventurados los pacificadores, porque ellos serán llamados hijos de Dios.»

«Dios bendice a los que procuran la paz, porque serán llamados hijos de Dios.» (NTV)

Ahí reunidos en una suave pendiente, con vistas al paisaje del mar de Galilea, Jesús habló a la multitud reunida. Cuando una multitud se reúne, está presente una mezcla de motivaciones, pensamientos, sentimientos, deseos y sueños. A menudo la paz no es evidente. Imagínate en medio de esa multitud, yendo a conocer al profeta que curó a un amigo tuyo, que llamó y formó a un

grupo de hombres sin credibilidad (recaudadores de impuestos, pescadores y pecadores), que revolucionó sus vidas y cuyas palabras fueron extrañamente atractivas y a la misma vez inquietantes. Traes tu mismo deseo de ser sanado, de hacer obras significativas o encontrar una verdad transformadora para vivir -tus propias necesidades y anhelos, mezclándose y agitándose.

Cuando la muchedumbre se asienta y Jesús comienza a hablar, Su presencia dice más que Sus palabras. Algo en Su espíritu es paz, despertando el hambre en tu propio corazón. En vez de darte reglas a seguir, Él mira en tus ojos y pinta un cuadro de lo que es vivir en la identidad verdadera del Reino. Sus palabras te llaman a salir de cada día ordinario, a un lugar de grandeza. Tu corazón palpita viéndote a ti mismo como alguien que trae paz a los demás, y comienzas a experimentar lo que significa caminar en el mundo como un hijo de Dios.

Y éste es el llamado: no es *esforzarnos* por calmar nuestros propios corazones revueltos, o enfrentar el conflicto humano sin temor, sino para buscar vivir siempre en presencia del Príncipe de Paz. Estamos llamados a conocer nuestra verdadera identidad como hijos e hijas, y a aprender a ser parte de una familia, viviendo plenamente en el entorno familiar.

El lugar de paz está siempre en el sentido de pertenecer, porque es en la pertenencia que descubrimos quiénes somos verdaderamente. Como hijos del Altísimo, somos hechos a Su imagen, y nuestros deseos más profundos se cumplen cuando aprendemos a vivir desde la perspectiva de una identidad indiscutible.

Ya eres bendecido, feliz, profundamente satisfecho porque *tú* eres es un hijo de Dios y, como tal, un portador de paz en el mundo.

1. *Jesús, ¿cómo ya llevo conmigo Tu paz?*

2. *Papito, ¿de qué manera me parezco a Ti?*

3. *Espíritu, si Tu paz estuviera sobre mí, hoy, ¿cómo se ve eso?*

4. *Jesús, dime de nuevo lo que es ser hijo de Dios y andar en la grandeza a la que me has llamado.*

5. *Papá, ¿qué cualidad ves en mí, que más te recuerda a mi hermano, Jesús?*

DIARIO

PERTENECER, SER ENTENDIDO

Mateo 5:10-12

«Dios bendice a los que son perseguidos por hacer lo correcto, porque el reino del cielo les pertenece. Dios los bendice a ustedes cuando la gente les hace burla y los persigue y miente acerca de ustedes y dice toda clase de cosas malas en su contra porque son mis seguidores. ¡Alégrense! ¡Estén contentos, porque les espera una gran recompensa en el cielo! Y recuerden que a los antiguos profetas los persiguieron de la misma manera.» (NTV)

Alguna vez has vivido en un país o una cultura diferente? ¿O te casaste con alguien cuya familia es muy diferente a la tuya: el lado opuesto en áreas de política, educación o espectro socioeconómico?

O imagina asistir a una iglesia que es muy, muy diferente a la tuya. Si te congregas en una iglesia tradicional, imagina cambiarte a una congregación inter-denominacional. Si tu iglesia era carismática, y luego asistes a una que valora la meditación o la reflexión en silencio.

Cuando estás en un grupo que piensa completamente diferente a ti, ser comprendido se convierte en un anhelo imprescindible. Mateo estaba escribiendo a los creyentes judíos en un tiempo de tensión entre seguidores de Jesús y los judíos tradicionales. Sus lectores se vieron a sí mismos como parte de la sinagoga y la fe como un cumplimiento del judaísmo. Sin embargo, esa era una postura que muchos judíos rechazaron. Finalmente, alrededor del 85 A.C., se insertó una frase en la liturgia de la sinagoga pronunciando una maldición sobre «Los Nazarenos y los herejes», que sello la división irrevocablemente. Los judíos cristianos habían sido rechazados por su fe ancestral y también por su país.

¿Cuándo has experimentado en tu vida estar cerca de personas que no piensan como tú, o no están de acuerdo con tu fe? En los momentos en los que la gente se burla de tus creencias, de tu postura o implica que eres estúpido por pensar lo que piensas, Jesús te llama bendecido, favorecido, ¡incluso feliz! El hecho de que no encajes en este mundo te marca como ciudadano del Reino de los Cielos. De hecho, hay muchos otros como tú, Jesús sabe exactamente cómo te sientes.

Quienes «no encajan» en el mundo pertenecen a una comunidad en el Cielo que los reconoce, honra profundamente su fe y celebra quienes son. Eres comprendido por un querido amigo quien sostiene tu corazón gentilmente; tanto, que puede sostener una hoja de hierba machacada sin romperla. Y eres animado delante de una gran nube de testigos que están de tu lado.

Sumérgete en esta verdad: que el ser incomprendido y maltratado por el mundo es el sello común de la comunidad del Cielo.

1. *Jesús, me sentí incomprendido y juzgado cuando _____. ¿Cuándo te has sentido así?*

2. *¿Qué significa para ti que pertenezco al Reino de los Cielos?*

3. *Cuéntame más sobre las relaciones en el Cielo. ¿Cómo será pertenecer allí?*

4. *Jesús, ¿qué quieres decirme en aquellos momentos en los que siento que no encajo?*

5. *De alguna manera, mi fe ha sido rechazada por mi país. ¿Cómo me quieres acompañar allí?*

DIARIO

VALIDACIÓN, VALOR

Mateo 5:13-16

«Vosotros sois la sal de la tierra; pero si la sal se desvaneciere, ¿con qué será salada? No sirve más para nada, sino para ser echada fuera y hollada por los hombres. Vosotros sois la luz del mundo; una ciudad asentada sobre un monte no se puede esconder. Ni se enciende una luz y se pone debajo de un almud, sino sobre el candelero, y alumbra a todos los que están en casa. Así alumbre vuestra luz delante de los hombres, para que vean vuestras buenas obras, y glorifiquen a vuestro Padre que está en los cielos.»

Aquí, Jesús les dice a sus oyentes judíos quiénes son realmente. Él está restableciendo la identidad de ellos como agentes de influencias y mensajeros del único Dios al resto del mundo. «Ustedes son la sal de la tierra» y «Ustedes son la luz del mundo» se refiere a su llamado a ser pueblo elegido de Dios.

Esta es también tu verdadera identidad. Tú proyectas la grandeza de la imagen de Dios, y Jesús te llama a dejar que el mundo lo vea. Quien tú eres, es algo bueno, y Dios conoce y aprueba esta identidad. Y esta gloria en ti es completamente obvia, como una ciudad brillantemente iluminada que alumbra en la noche, en lo alto de una colina.

Una vez visité el antiguo Pérgamo en Turquía, encaramado en una cúspide empinada y solitaria, a mil pies de altura, la ciudad domina la llanura por kilómetros alrededor. Cuando conduces por el valle, tu ojo es capturado inmediatamente por un templo brillante que deslumbra desde la cima de la colina. Esa ciudad es como un faro. Literalmente, no se puede perder. De hecho, fue diseñada para ser vista, para influenciar a la gente a que vieran con asombro la riqueza, el poder y la importancia de la ciudad.

Cuando los oyentes de Jesús imaginaron una ciudad en una colina, pensaron en Jerusalén. El templo radiante con su mármol, bronce y oro se impondría por encima de cualquier otra estructura, sobre una plataforma gigante de piedras bellamente talladas. Todos los caminos llegan a ella y cualquier peregrino que se acercara a la ciudad podría haberla visto aun a lo lejos. Era el símbolo de su nación y el centro de su universo.

Y esa es la imagen que Jesús escogió para describir la gloria que portas.

1. *Jesús, ¿cuál es mi gloria?*

2. *¿De qué forma me creaste a Tu imagen y que aún no me he dado cuenta?*

3. *Usaste una ciudad en una colina y poner una luz debajo de una canasta como analogías para no esconder quién soy en Ti. ¿Qué tipo de analogías usarías hoy?*

4. *¿Cómo soy un sazonador? ¿Cómo condimento el mundo?*

5. *Jesús, ¿qué hay de mi vida que da gloria al Padre?*

D I A R I O

NECESIDADES FÍSICAS

Mateo 6:11

«El pan nuestro de cada día, dánoslo hoy…»

Está bien pedirle a Papá Dios que cumpla con tus necesidades físicas básicas. Y no sólo está bien, sino que es Su deleite estar presente en las cosas simples de la vida cotidiana contigo. En la vida cotidiana, de tareas hasta los ronquidos, todos son parte de la vida compartida con Él. Le encanta cambiar un pañal contigo, tanto como realizar el trabajo de ministrar juntos.

Tanto en lo físico como en lo psicológico, nuestro Padre es el que satisface nuestras necesidades y deseos. Como un padre que ve un regalo perfecto para su hija y lo compra por impulso, así Él está pensando cómo amarte en cada momento. Y así como los padres que trabajan y manejan las finanzas para proveer a un niño de preescolar inconsciente del dinero, Él actúa de manera discreta, que no vemos o entendemos cómo Él cuida de nosotros.

Así como es bueno venir directamente a Él para satisfacer nuestros anhelos, es bueno depender de Él para nuestro pan de cada día. «Danos este día...» no está destinado a ser una petición expresada con duda y desesperación, sino en una dependencia agradecida y feliz: —Al igual que nos has dado los otros días, danos *este* día nuestro pan diario. Has sido tan fiel, y así como he llegado a confiar en Ti cada día, estoy dispuesto a confiar en Ti para el día siguiente, también.

Esa seguridad va más allá de la seguridad laboral y la seguridad social; más allá de saber que tienes un sueldo o que tienes dinero en el banco. Es lo suficientemente grande como para asegurar el futuro de sus hijos, lo suficientemente grande para encomendarle a tu cónyuge (o si alguna vez tendrás un cónyuge); es suficiente para dejar de pensar en tu destino y no dudar. Es lo suficientemente grande para los buenos y los malos tiempos, cuando todo es color de rosa y cuando todo se desmorona. En cada detalle de la vida, Dios está cuidándote.

1. *Padre, ¿cómo te impacta, como Papá, cuando confío en que cumplirás mis necesidades básicas?*

2. *¿Cómo planeaste dejarme experimentar Tú ser el proveedor hoy?*

3. *Papi, dormiría mejor sabiendo que te harías cargo de _____. Dime una vez más por qué puedo confiar en Ti.*

4. *Padre, cuéntame cómo estoy más seguro en Ti, que en mi trabajo, mis habilidades o mis ahorros.*

5. *Padre, ¿qué regalo quieres darme hoy?*

DIARIO

SEGURIDAD, SER CONOCIDO

Mateo 6:25-34

«Por eso les digo que no se preocupen por la vida diaria, si tendrán suficiente alimento y bebida, o suficiente ropa para vestirse. ¿Acaso no es la vida más que la comida y el cuerpo más que la ropa? Miren los pájaros. No plantan ni cosechan ni guardan comida en graneros, porque el Padre celestial los alimenta. ¿Y no son ustedes para él mucho más valiosos que ellos? ¿Acaso con todas sus preocupaciones pueden añadir un solo momento a su vida? ¿Y por qué preocuparse por la ropa? Miren cómo crecen los lirios del campo. No trabajan ni cosen su ropa; sin embargo, ni Salomón con toda su gloria se vistió tan hermoso como ellos. Si Dios cuida de manera tan maravillosa a las flores silvestres que hoy están y mañana se echan al fuego, tengan por seguro que cuidará de ustedes. ¿Por qué tienen tan poca fe? Así que no se preocupen por todo eso diciendo: «¿Qué comeremos?, ¿qué beberemos?, ¿qué ropa nos pondremos?». Esas cosas dominan el pensamiento de los incrédulos, pero su Padre celestial ya conoce todas sus necesidades. Busquen el reino de Dios por encima de todo lo demás y lleven una vida justa, y él les dará todo lo que necesiten. Así que no se preocupen por el mañana, porque el día de mañana traerá sus propias preocupaciones. Los problemas del día de hoy son suficientes por hoy.» (NTV)

En este pasaje, Jesús está hablando sobre el anhelo de seguridad; saber que nuestras necesidades básicas serán provistas. En lugar de enfocarnos en nuestras necesidades o andar buscando alimento o refugio, Jesús nos pide que nos enfoquemos en una revelación que podamos ver alrededor nuestro: de cómo Dios provee por toda Su creación. Las aves son alimentadas cada día, aunque no lo planeen, y las flores se ven hermosas sin ningún esfuerzo. ¿Ves cómo Dios se encarga incluso de los detalles más pequeños como estos? Su cuidado por alguien a quien ama, tanto como a ti, es mucho más abundante.

Jesús también está hablando del deseo distorsionado, llamado «ansiedad», en el que tratamos de prevenir

dolor, intentar controlar lo que pasa en nuestras vidas y entrar en un sentido «híper-alerta» para que nada nos lastime de nuevo. La ansiedad va, a menudo, acompañada de una creencia de protectora: Si planeo e intento ansiosamente controlar lo que me sucede, mi vida será más larga y mejor. Riéndose, Jesús pregunta, —¿Te agrega un día más de vida tus planes detallados? ¿Tus estrategias preventivas realmente hacen que tu vida sea más placentera y larga, o te acortan la vida y te mantienen vacío?—

Él sonríe. Pregunta, —Ahora bien, ¿cuándo pones esta creencia en palabras y lo dices en voz alta, suena bastante tonto, verdad? —. Ya eres plenamente conocido por nuestro Padre, y Él ve exactamente lo que necesitas. ¡Deja de tratar de controlar aquello sobre lo que no tienes poder! —Eres tan valioso para nuestro Padre y para Mí, y nosotros siempre te estamos cuidando.

1. *Tú eres de mucho más valor que los pájaros que nuestro Padre alimenta y las flores que Él bellamente viste. Descansa en eso.*

2. *Padre, ¿de qué manera has estado cuidándome en las últimas 24 horas?*

3. *Padre, tengo un profundo deseo de estar seguro y protegido. Muéstrame cómo tengo eso en Ti.*

4. *Papito, estoy ansioso por: _____. Hazme reír, ¿por qué esto te parece tan gracioso?*

5. *¿En quién quieres convertirme, hoy?*

D I A R I O

AMOR, CUMPLIR

Mateo 7:7-11

«Sigue pidiendo y recibirás lo que pides; sigue buscando y encontrarás; sigue llamando, y la puerta se te abrirá. 8 Pues todo el que pide, recibe; todo el que busca, encuentra; y a todo el que llama, se le abrirá la puerta. Ustedes, los que son padres, si sus hijos les piden un pedazo de pan, ¿acaso les dan una piedra en su lugar? O si les piden un pescado, ¿les dan una serpiente? ¡Claro que no! Así que si ustedes, gente pecadora, saben dar buenos regalos a sus hijos, cuánto más su Padre celestial dará buenos regalos a quienes le pidan.» (NTV)

Sólo pide, te será dado. Toca, te será abierto. Busca, y encontrarás.

Tales promesas directas y simples, sin engaño, sin necesidad de hacer los movimientos precisos de un laberinto en orden para encontrar un premio. No hay ningún mapa del tesoro que nos lleve a una llave enterrada, oxidada, que sólo los elitistas puedan descubrir y entrar en alguna recámara especial.

Los discípulos, criados en un mundo de reglas, tienen miradas incrédulas en sus rostros mientras escuchan estas palabras. ¿No hay algo que tengamos que averiguar, alguna sabiduría o talento especial que nos haga dignos de recibir lo que más deseamos? ¿Puede ser que los caminos del Reino son tan fácilmente revelados?

Si no es así, entonces ¿por qué las oraciones a menudo parecen vacías?

Mirando en sus ojos, Jesús ve su anhelo, y también sus preguntas no contestadas. Entonces Él les explica: —Se trata totalmente de ser hijo de Papá. Se trata de conocer la benignidad del corazón del Padre para ti, y pedirle con una actitud de confianza como pediría un hijo.

Jesús ilustra la figura de un padre que da a su hijo una piedra para la cena; o una serpiente cuando está hambriento de un taco de pescado. ¿Le harías esto a tu hijo? ¡Por supuesto que no! En esta imagen de un padre ellos entienden: «Abba me ama. Le encanta ser bueno conmigo porque *le pertenezco*. No necesita otra razón. A mi padre le encanta escuchar mis anhelos y cumplirlos».

Así que pide. Busca. Toca. Tú eres el hijo adorado que le pertenece al Padre. Él tiene buenos regalos y tiene en mente lo mejor para ti.

1. *Papito, ¿qué quieres darme hoy? ¡Sé que das buenos regalos y estoy listo para recibirlos!*

2. *Papá, soy yo, tu hijo favorito. ¿Qué estás celebrando conmigo hoy?*

3. *Jesús, ¿qué es lo que amas de nuestro Papá lo cual quieres recordarme hoy?*

4. *Papá, ¿cómo te sientes cuando llego tocando a tu puerta?*

5. Subiendo una pasarela, te aproximas a una puerta rústica de madera. Risas y voces de deleite se filtran del otro lado. A tu tímido golpe, la puerta se abre ligeramente, y Papá y Hermano y Espíritu gritan con júbilo a tu llegada, y corren a buscar los regalos que te han preparado...
   Pregunta: —*¿Qué regalo tienen preparado para mí, hoy?*

DIARIO

TIPOS DE
ORACIÓN DE ANHELO

¡Es una gran aventura crear tus propias oraciones de anhelo! Aquí hay algunas formas diferentes de probar:

1. Pregúntale a Jesús cómo te ve o qué siente por ti.

   Jesús, ¿qué es lo que amas de mí, hoy?

2. Pídele a Jesús que te diga quién eres.

   Cuando no puedo terminar un proyecto, siento que soy un fracaso. ¿Quién soy yo ante Tus ojos?

3. Pídele que toque un profundo anhelo en ti.

   Jesús, tengo un profundo anhelo de paz en este momento. ¿Cómo quieres tocarme en esto?

4. Pregunta lo que ha estado haciendo por ti últimamente que no ves.

   Jesús, ¿cómo te has dedicado a mí esta semana?

5. Pregunta cómo algo impacta el corazón de Jesús.

   ¿Cómo te impacta cuando me ves caminando en mi destino?

6. Dile a Jesús cómo algo impacta tu corazón.

   Jesús, cuando provees inesperadamente, me siento sorprendido, gozoso; simplemente hace que mi corazón salte de gozo.

7. Toma una frase de las Escrituras, escúchala como hablada para ti y empápate de ella. Deja que las palabras inunden tu corazón.

   Jesús, yo recibo eso en confianza al venir ante Ti, que me darás descanso.

8. Cuando Jesús trata sobre tu anhelo, da gracias por la frase que te da.

   Gracias por darme descanso, Jesús. Estoy muy agradecido por cómo tocas mi corazón.

9. Pregúntale qué sucede cuando los deseos del corazón son cumplidos en el Cielo.

   ¿Cómo será «brillar como el sol» en el Reino de Padre?

10. Pide una revelación de quién es Jesús.

    Pareces tener un placer especial bendiciendo a personas que el mundo ignora. Háblame de esa parte de Ti, quiero saber más de Ti.

11. Pregúntale qué experimentó Jesús en una situación de Su vida.

    Cuando Pedro te pidió permiso para salir del barco y caminar sobre el agua contigo, ¿qué experimentaste en ese momento? ¿Cómo te sentiste?

12. Pregunta por un sentimiento que Jesús expresó.

Jesús, ¿qué intentabas expresar cuando lloraste por Jerusalén? ¿Qué viste?

13. Pregúntale a uno de los miembros de la Trinidad acerca de otro miembro.

Jesús, cuando ves al Espíritu viviendo y trabajando a través de mí, ¿qué amas de Él?

14. Identifícate con el anhelo de un personaje en las Escrituras, y recibe la respuesta de Jesús a esa persona en tu propio contexto.

La mujer hallada en adulterio no les importaba para nada. Sólo querían usar su muerte para anotar un punto político. Me he sentido así. Y me encanta cómo, aunque ella falló totalmente, pones Tu propia vida en la línea para salvarla. ¿qué te hizo hacer eso por ella y por mí?

AMOR, VALOR

Mateo 8:1-3

«Cuando descendió Jesús del monte, le seguía mucha gente. Y he aquí vino un leproso y se postró ante él, diciendo: Señor, si quieres, puedes limpiarme. Jesús extendió la mano y le tocó, diciendo: Quiero; sé limpio. Y al instante su lepra desapareció.»

La pregunta es conmovedora: «¿…si quieres…?» En otras palabras, le estaba diciendo: —Señor, puedes hacerlo si quieres… solo no sé, si quieres.

Esa pregunta poderosa revela el anhelo de corazón de este hombre. —Lo que necesito saber es si me ves a mí y a mi horrible condición, y si te importa. ¿Soy lo suficientemente importante como para que me ayudes? ¿Eres un Dios que puedes relacionarte conmigo, que puede sentir compasión por el sufrimiento, o eres un Dios de reglas que espera que las sigamos o suframos las consecuencias?

Por ley, un leproso estaba «continuamente impuro hasta que se curara. Tenía que usar ropas desgarradas, dejar su pelo despeinado, cubrir su labio superior, gritar —¡Inmundo, inmundo! — y vivir separado del campamento».[1]

Imagina la escena: este tipo sucio y medio loco va directamente hacia Jesús, gritando: — ¡Inmundo, inmundo! — Un miedo aterrorizante y repugnante se percibe en medio de la muchedumbre, y la gente se pelea para evitar tocar o acercarse a esta fea y temible enfermedad. Se encuentra en una situación humillante y todo comunicaba que era desaprobado, intocable, y malo.

Él acude a Jesús, con sus ojos suplicando más fuerte que sus palabras. *¿Quisiera Dios tener algo que ver con un «desafortunado en la vida» como yo?* su corazón se pregunta: *La Ley dice que debo ser desterrado del pueblo de Dios para toda la vida. ¿No hay nada más para mí que vivir en el desprecio y el aislamiento el resto de mi vida, mientras que mi cuerpo literalmente se pudre ante mis ojos?*

Entonces Jesús se acerca y lo toca.

Un gruñido agudo se eleva de la multitud. ¡No! ¡Has tocado a un leproso! La enfermedad era contagiosa, al igual que inmunda. Jesús se convirtió ritualmente en impuro, contagiándose a sí mismo, simplemente por tocarlo. Él rompió las propias reglas de Dios al decirle al leproso quien era realmente Dios.

Fue un gesto sin temor, satisfaciendo un anhelo. ¿Cuántos años pasaron desde que alguien fuera de la comunidad de leprosos lo había tocado? ¿Cómo se sentía al no poder acariciar a su esposa, o jugar con sus hijos, o abrazar a sus padres? ¿Estar alejado de su pueblo y de su fe? Para un hombre que había soportado la falta total del contacto humano, que anhelaba ser tocado, eso fue exactamente lo que Jesús le dio, y ese tocar restauró la experiencia del contacto humano a su vida entera.

Que Jesús lo tocara comunicó profundamente al anhelo de ese hombre: —Lo haré: sé limpio. Yo soy el Dios que te ve y te ama, y desea ayudarte. Yo romperé mis propias reglas por ti. Eres digno de mi atención, y si alguien lo duda, he aquí la prueba: estás curado.

1. *Jesús, dime cómo estoy hoy limpio en Ti.*

2. *Jesús, ¿romperías las reglas por mí?*

3. *Papito, aquí hay un lugar en mi corazón donde sé que puedes tocarme, pero a veces me pregunto si quieres. ¿Qué me dices sobre esto hoy?*

4. *Jesús, si estuviéramos cara a cara, ¿qué querrías decirme al tocarme físicamente?*

5. *Jesús, ¿en qué área de mi vida continuo creyendo que soy inmundo, pero Tú dices que ya estoy limpio?*

---

1   International Standard Bible Encyclopedia

DIARIO

....
....
....
....
....
....
....
....
....
....
....
....
....
....
....
....
....
....
....
....
....
....
....
....
....

RECONOCIMIENTO, RETO

Mateo 8:5-13

«Cuando Jesús regresó a Capernaúm, un oficial romano se le acercó y le rogó: —Señor, mi joven siervo está en cama, paralizado y con terribles dolores. —Iré a sanarlo —dijo Jesús. —Señor —dijo el oficial—, no soy digno de que entres en mi casa. Tan solo pronuncia la palabra desde donde estás y mi siervo se sanará. Lo sé porque estoy bajo la autoridad de mis oficiales superiores y tengo autoridad sobre mis soldados. Solo tengo que decir: «Vayan», y ellos van, o: «Vengan», y ellos vienen. Y si les digo a mis esclavos: «Hagan esto», lo hacen. Al oírlo, Jesús quedó asombrado. Se dirigió a los que lo seguían y dijo: Les digo la verdad, ¡no he visto una fe como esta en todo Israel! Y les digo que muchos gentiles vendrán de todas partes del mundo —del oriente y del occidente— y se sentarán con Abraham, Isaac y Jacob en la fiesta del reino del cielo. Pero muchos israelitas —para quienes se pre-paró el reino— serán arrojados a la oscuridad de afuera, donde habrá llanto y rechinar de dientes. Entonces Jesús le dijo al oficial romano: Vuelve a tu casa. Debido a que creíste, ha sucedido. Y el joven siervo quedó sano en esa misma hora.» (NTV)

Frente a un gran desafío, el capitán romano muestra una fe notable. Asombrado, Jesús comienza a exaltarlo ante la multitud. En todo Israel, ¡Él no había encontrado este tipo de confianza plena! Este hombre, que fue indudablemente despreciado por ser un oficial en el opresivo régimen romano, es vitoreado por Jesús como precursor de muchos que se sentarán a la mesa del banquete del Reino. Donde los judíos ven a un gentil despreciado, Jesús ve grandeza.

Este pequeño, pero profundo momento convirtió al centurión en un héroe de la Biblia. Este oficial no percibe la grandeza de su fe. Simplemente le dio un sentido práctico de que si el comandante, Jesús, dio la orden, se haría. Pero la perspectiva de Jesús iba mucho más allá, porque vio el panorama más completo, la historia que ese momento de fe traería al mundo.

Muchas veces pasamos de largo los momentos de fe aparentemente pequeños en nuestras vidas, cuando Jesús quiere celebrar lo que hemos hecho. Cosas como permanecer fiel en medio de una tormenta personal, aguantando palabras dolorosas y convirtiéndolas en oraciones cuando somos heridos, ofreciendo ayuda, o haciendo un pequeño acto de benignidad que alienta un corazón, estos momentos serán vitoreados en el Cielo. A veces nuestros mejores momentos de fe son cuando simplemente nos aferramos y creemos en lo que el Padre ha prometido ante grandes dificultades.

Jesús ama reconocer nuestra fidelidad en medio de los desafíos de nuestras vidas. Es parte de ver nuestras vidas desde Su perspectiva y dejando que Su amor nos afirme en el lugar donde más lo necesitamos.

1. Jesús, ¿qué hay en mí, hoy, que te hace sentir orgulloso?

2. Espíritu, ¿cómo ves la grandeza en cómo estoy navegando mis desafíos actuales?

3. Papá, mientras reflexionamos juntos sobre mi vida, ¿hay algo por lo que quieres reconocerme?

4. Jesús, si pudieras darme un apodo que refleje cómo me ves, ¿cuál sería ese apodo? (Por ejemplo: poderoso guerrero, amante gentil, amigo fiel).

5. Papá, cuando miro atrás a las dificultades que he enfrentado, a menudo recuerdo mis fracasos y faltas. ¿Cuál es Tu punto de vista sobre lo que he experimentado?

DIARIO

GOZO, LIBERTAD

Mateo 9:2-7 (y también Marcos 2:1-12)

«Y sucedió que le trajeron un paralítico, tendido sobre una cama; y al ver Jesús la fe de ellos, dijo al paralítico: Ten ánimo, hijo; tus pecados te son perdonados. Entonces algunos de los escribas decían dentro de sí: Este blasfema. Y conociendo Jesús los pensamientos de ellos, dijo: ¿Por qué pensáis mal en vuestros corazones? Porque, ¿qué es más fácil, decir: Los pecados te son perdonados, o decir: Levántate y anda? Pues para que sepáis que el Hijo del Hombre tiene potestad en la tierra para perdonar pecados (dice entonces al paralítico): Levántate, toma tu cama, y vete a tu casa. Entonces él se levantó y se fue a su casa.»

Este pasaje es un ejemplo perfecto de cómo recibir una palabra de vida departe de Jesús: Sólo ven, esperando recibir algo. Eso es todo. Como dice Hebreos: «Pero sin fe es imposible agradar a Dios; porque es necesario que el que se acerca a Dios crea que le hay, y que es galardonador de los que le buscan.» (Hebreos 11:6). Me encanta la versión de Marcos de esta historia. Jesús estaba «en casa» (¿en su propio hogar, en la casa de Pedro, en un alquiler?), con una multitud tan apretujada para oírle que incluso nadie podía conseguir pasar por la puerta. Simplemente llegaron, esperando conseguir algo.

Por amor a un amigo, cuatro hombres fueron a casa de un paralítico y lo llevaron en su cama a donde estaba Jesús. «Al ser incapaces de llegar a Él debido a la multitud, quitaron el techo que estaba encima de Él; y cuando lograron cavar una abertura, bajaron la plataforma en la que yacía el paralítico» (Mateo 2:4). Ellos fueron con serias intenciones de conseguir algo.

Un techo en esos días habría sido bastante plano con vigas de soporte cubiertas de ramas con capas de yeso o tierra compactada encima. Dentro de la casa comienza una conmoción intensa. Polvo cae del techo; luego unos trocitos de yeso, generando miradas nerviosas. De repente, trozos de tierra y yeso se derraman sobre la multitud que protesta. La luz ilumina la asfixiante nube de polvo cuando la última capa del techo es arrancada. Un grito desde arriba es respondido por la multitud; momentáneamente la luz es bloqueada, y luego un hombre quebrantado en una camilla, es apalancado a través del agujero.

Acurrucado sobre los hombros sucios de sus vecinos, este hombre apenado voltea su cabeza de la multitud y hacia la cara del profeta. Está ansioso, expectante, avergonzado, su mente vuela, pero no le salen palabras. Entonces Jesús extiende Su brazo, le cepilla suavemente un trozo de yeso de su cabello y sonríe: —¡Anímate, hijo! Tus pecados son perdonados.

Sé valiente. No eres un cuerpo, alma o espíritu quebrantado, eres hijo o hija de tu Padre en el Cielo, hermano y hermana de Jesús. Jesús estaría feliz de verte, incluso si tu tuvieras que desgarrar el techo sobre Su cabeza para llegar hasta Él. Ven y descubre que en lo que hayas fallado eres perdonado y eso es olvidado. Y Jesús te está sonriendo.

1. *Jesús, he venido, esperando recibir algo. ¿Cómo estás tocando mi anhelo hoy?*

2. *Jesús, anhelo sentirme limpio, aprobado y aceptado. ¿Cómo me ves hoy?*

3. *¿Cómo he sido perdonado, Jesús? Ayúdame a entenderlo más profundamente.*

4. *Jesús, ¿qué estabas pensando cuando esos chicos destruyeron el techo, lloviendo tierra sobre Ti, para entrar a la casa? ¿Qué pasaba por Tu mente en ese momento?*

5. *¡Celebremos nuestra relación! ¿Qué quieres que hagamos juntos hoy?*

DIARIO

APROBACIÓN, PAZ

Marcos 5:25-34 (y también Mateo 9:20-22)

«Pero una mujer que desde hacía doce años padecía de flujo de sangre, y había sufrido mucho de muchos médicos, y gastado todo lo que tenía, y nada había aprovechado, antes le iba peor, cuando oyó hablar de Jesús, vino por detrás entre la multitud, y tocó su manto. Porque decía: Si tocare tan solamente su manto, seré salva. Y en seguida la fuente de su sangre se secó; y sintió en el cuerpo que estaba sana de aquel azote. Luego Jesús, conociendo en sí mismo el poder que había salido de él, volviéndose a la multitud, dijo: ¿Quién ha tocado mis vestidos? Sus discípulos le dijeron: Ves que la multitud te aprieta, y dices: ¿Quién me ha tocado? Pero él miraba alrededor para ver quién había hecho esto. Entonces la mujer, temiendo y temblando, sabiendo lo que en ella había sido hecho, vino y se postró delante de él, y le dijo toda la verdad.»

Cuando Jesús comenzó a buscar quien lo tocó, el corazón de la mujer se desplomó hacia sus pies. Él sabía. Había violado la regla nuevamente. *¡Tonta!* Su sangrado la hacía ritualmente impura, y cualquier persona que la tocaba seria impuro. Sin embargo, su anhelo de librarse de esa maldición de doce años de sufrimiento fue tan poderoso que tomó el riesgo, y tocó al profeta.

No había querido que nadie supiera que estaba allí, por eso tocó Su ropa en lugar de pedirle que la sanara. Ni siquiera intentó rozar Su piel, sólo la franja de Su túnica, tratando de mantener su vergüenza y suciedad tan lejos de Él como fuera posible. Después, podría irse a casa y librarse de esta maldición para siempre, y vivir una vida normal. Nadie lo sabría. Así que se atrevió a lo prohibido y en secreto tocó a Jesús, y ahora ella había sido descubierta.

Los ojos de Jesús escudriñaron a la multitud, buscándola, mientras una vergüenza nueva se apoderaba de ella. Su sangrado no era sólo una enfermedad del cuerpo; era una maldición sobre el alma, y una muy vistosa. Y esta vez había infectado al ungido de Dios.

Ella creía en el poder de Jesús para sanar, así que también creyó que inevitablemente podría descubrirla. No podía esconderse del juicio que merecía. Así que tragó saliva y dio un paso adelante, con miedo de mirarlo a los ojos, literalmente temblando de miedo. Con una voz quebradiza, ella le contó todo. La multitud entera asombrada al escucharla; y la mujer se preparó para soportar otro ladrillo en el muro del rechazo que había experimentado durante años.

Pero para su asombro, Jesús le sonrió, la llamó Su hija, e incluso dijo: —*Tu* fe te ha hecho bien.— En lugar de rechazo, recibió aceptación; en lugar de vergüenza, honor; en lugar de castigo, paz.

1. *Piensa en un recuerdo donde te sentiste rechazado o avergonzado. Luego recibe lo que Jesús le dice a la mujer como si te lo dijera a ti: —Vete en paz, y sé libre de tu sufrimiento.*

2. *Jesús, ¿en qué momento mi fe ha hecho que suceda algo? ¿En qué estás orgulloso de mí por creer?*

3. *¿Qué había en Tu corazón cuando buscabas a la persona que había sido sanada? ¿Por qué era tan importante para Ti encontrarla?*

4. *Jesús, cuando sanaste a la mujer, lo sentiste en Ti; el poder salió de Ti. ¿Eso te drenó? ¿Cómo te afectó en los días en que sanaste persona tras persona tras persona?*

5. *Jesús, un área de la que me siento avergonzado es _____. Es difícil llegar a Ti así, pero aquí estoy. ¿Cómo quieres tocarme ahora mismo?*

DIARIO

BENIGNIDAD

Mateo 9:27-30

«Pasando Jesús de allí, le siguieron dos ciegos, dando voces y diciendo: ¡Ten misericordia de nosotros, Hijo de David! Y llegado a la casa, vinieron a él los ciegos; y Jesús les dijo: ¿Creéis que puedo hacer esto? Ellos dijeron: Sí, Señor. Entonces les tocó los ojos, diciendo: Conforme a vuestra fe os sea hecho. Y los ojos de ellos fueron abiertos. Y Jesús les encargó rigurosamente, diciendo: Mirad que nadie lo sepa.»

El grupo de Jesús caminó deliberadamente por el camino polvoriento, con la multitud del pueblo girando alrededor de Él. Los hombres respetuosamente le hacían preguntas al Maestro y los niños corrían felices alrededor de tan maravillosa diversión. Y dos voces familiares comenzaron a gritar desde la parte trasera de la multitud.

Los mendigos de la aldea, incapaces de trabajar y dependientes para comer cada día de la amabilidad de otros, clamando: —¡Ten piedad de nosotros, Hijo de David!— Todos en la multitud habían oído esta súplica muy seguido a lo largo de muchos años: «¡Ten piedad de nosotros!» Y la mayoría habían proporcionado una comida o incluso monedas en respuesta a sus peticiones. Aunque los aldeanos se compadecían de los hombres, sabiendo lo difíciles que eran sus vidas, sus acciones seguía manifestando lo que la Ley enseñaba: que su ceguera era resultado del pecado.

Cuando Jesús entró en la casa donde se hospedaba, la multitud finalmente comenzó a dispersarse. Pero en lugar de alejarse, los ciegos llegaron a la puerta, abriendo a tientas el pestillo e invadieron la casa sin ser invitados, guiados sólo por el sonido de Su voz en su oscuridad interminable. —Ten piedad de nosotros, ¡Hijo de David!

Finalmente se pararon delante de Él, esperando ver qué haría. Expectantes pero avergonzados, no se atrevían hacer su petición.

Jesús habló antes de que ellos lo hicieran. —¿De verdad creen que puedo hacer esto?

Una sacudida energética de adrenalina los atravesó. Significaba que Él estaba dispuesto a perseguir sus anhelos más profundos, ser curados, en lugar de simplemente ofrecerles una comida. —¡Sí, Señor!— respondieron con gratitud.

Entonces, a hombres que sentían que sus vidas habían sido arruinadas por algún pecado desconocido que habían cometido, a quién la Ley dijo que eran responsables de su propia ceguera y pobreza, Jesús dijo: —Será hecho conforme a *su* fe.

Temblaron brevemente, recordando la mentira más grande de sus vidas, que la aflicción bajo la que han vivido era exactamente lo que su pecaminosidad merecía. *¡Y entonces vieron!*

Y en cada momento por el resto de sus vidas, experimentaron la evidencia inconfundible de aceptación de Dios: su vista.

1. *Jesús, aquí hay algo que deseo profundamente que ni siquiera he tenido el valor de pedir: _____.*

2. *¿Qué ocurría en Tu corazón cuando estos dos hombres empezaron a llamarte en ese camino polvoriento? ¿Qué estabas anticipando?*

3. *Jesús, ¿de dónde sacas la gracia de seguir dándonos mucho más de lo que merecemos?*

4. *¿Qué viste en estos dos hombres que causo que los aceptaras? ¿Cómo ves eso en mí?*

5. *Jesús, ¿qué has hecho por mí como resultado de mi fe?*

DIARIO

SER CONOCIDO, VALOR

Mateo 10:29-31

«¿Cuánto cuestan dos gorriones: una moneda de cobre? Sin embargo, ni un solo gorrión puede caer a tierra sin que el Padre lo sepa. En cuanto a ustedes, cada cabello de su cabeza está contado. Así que no tengan miedo; para Dios ustedes son más valiosos que toda una bandada de gorriones.» (NTV)

¡Qué imagen de ser reconocido: que nuestro Padre ha contado cada uno de los cabellos de tu cabeza! Toma un momento y trata de contar el número de folículos en la parte posterior de tu mano. No es fácil, pero nuestro Padre conoce cada uno.

Un gorrión, en los tiempos de Jesús, valía menos que la moneda más pequeña; sin embargo, son suficientemente valiosos para nuestro Padre como para que preste atención al destino de cada uno. Y no sólo eso, ¡sino que cada una de las aves más comunes tiene un lugar en Su voluntad y Su plan!

¿Alguna vez has recorrido por el mismo camino durante un año, y un día te diste cuenta de una casa que nunca habías visto antes, o una señal que faltaba, o de un árbol interesante que nunca había llamado tu atención antes? Nuestras vidas se definen por la percepción selectiva, ni siquiera conscientemente registramos la mayor parte de lo que nuestros sentidos perciben. Miro por la ventana de mi oficina todos los días, pero me costaría dibujar el paisaje con precisión. Debido a que nuestros recursos mentales son finitos, ignoramos la gran mayoría de los detalles o nuestros cerebros estarían sobrecargados.

Nuestro Padre no es así. Él es Infinito, por lo que Su percepción es infinita. Registra *todo*, ve, mira y recuerda completamente cada detalle. Si bien debemos elegir concentrarnos en un objeto para percibirlo conscientemente, Él no puede *no* ver (a menos que intencionalmente elija hacerlo). Podemos saber sobre los niños que mueren en África o los hombres perdidos en nuestro sistema penitenciario y los olvidamos tan pronto como están fuera de nuestra vista, pero Dios no puede. Atiende a todo y a todos, siempre.

Y con esa percepción infinita viene un sentido infinito de valor. Nuestro Padre ve y conoce todo sobre un pájaro, una cabellera, o sobre *ti*, y viendo plenamente cada animal o persona. Él está constantemente consciente de tu valor verdadero, y te ama completamente.

Así que no tengas miedo. Eres muy conocido por tu Padre, plenamente conocido en cada momento. Eres valioso para Él, no hay duda de que te cuidará siempre.

1. *Jesús, dijiste que nuestro Padre tiene cada cabello de mi cabeza numerado. ¿Le gusta contar las cosas, o eso viene naturalmente a alguien que lo sabe todo? Me gustaría saber más acerca de esta parte de Ti.*

2. *Papá, ¿qué te impulsa a conocerme plenamente? ¿Qué conmueve eso en Ti?*

3. *Dame una imagen visual sólo para mí, para que pueda entender lo valioso que soy para Ti.*

4. *¿Cómo te impacta cuando pregunto si mi vida vale la pena, o si soy valioso, o si alguna vez viviré a la altura de mi destino?*

5. *Padre, sé que lo ves todo y amas a todo, pero eso es muy difícil para mí entenderlo. Dame una pequeña imagen visual del valor de las cosas ante Tus ojos.*

DIARIO

RECONOCIMIENTO

Mateo 10:32

«A cualquiera, pues, que me confiese delante de los hombres, yo también le confesaré delante de mi Padre que está en los cielos.»

Durante años he leído este pasaje, en su mayoría con miedo, o en el mejor de los casos, alivio. Tenía miedo de no ser muy buen evangelista y que pudiera fallar esta prueba. Si lo estaba haciendo bien esa semana, respiraba con alivio cuando lo leía, creyendo que iba a lloriquear de gozo. Mi imagen de venir ante Dios era acercándome a un juez distante, totalmente solo, esperando dar un veredicto como resultado de un conjunto impersonal de reglas que podrían liberarme o encarcelarme de por vida.

Pero este pasaje da una imagen totalmente diferente de lo que vas a experimentar en el Cielo. Imagina estar de pie ante Dios, el Creador del universo, por primera vez. El libro de la vida es abierto, y los santos y ángeles, los 24 ancianos y todo el ejército del cielo, espera sin aliento a ver qué sucederá.

De repente, a la derecha de Dios, ¡movimiento! Jesús se levanta, camina a tu lado y pone su brazo alrededor de tus hombros.

—Éste es mío, Padre— declara, volteando hacia el trono. — Yo voy a responder por él/ella, es parte de la familia. Dale la bienvenida como lo harías conmigo.

Todo el Cielo aplaude, Jesús se vuelve a la multitud y ríe. — Bien, hermanos y hermanas, ¡vamos a mostrarle cómo celebramos a alguien en el Cielo! Déjame contarte toda la historia de esta hermosa vida, vista a través de mis ojos.

Tu deseo de ser conocido y reconocido será colmado en el Cielo, en el escenario más grande llamado universo, por Aquel cuya aprobación es más importante que todas las demás.

1. *Jesús, ¿qué es aquello por lo que quieres reconocerme en el Cielo?*

2. *¿Qué aplaudes de mí hoy?*

3. *Jesús, aquí hay algo que me gustaría contarle a todo el Cielo sobre Ti…*

4. *¿Cómo toca Tu corazón cuando le decimos a los demás quién eres para nosotros aquí en la Tierra?*

5. *¿Cómo será para Ti contar la historia de la vida que hemos vivido juntos, a todo el Cielo?*

DIARIO

....
....
....
....
....
....
....
....
....
....
....
....
....
....
....
....
....
....
....
....
....
....
....
....

RECONOCIMIENTO Y RECOMPENSA

Mateo 10:40-42

«El que los recibe a ustedes me recibe a mí, y el que me recibe a mí recibe al Padre, quien me envió. Si reciben a un profeta como a alguien que habla de parte de Dios, recibirán la misma recompensa que un profeta. Y, si reciben a un justo debido a su justicia, recibirán una recompensa similar a la de él. Y si le dan siquiera un vaso de agua fresca a uno de mis seguidores más insignificantes, les aseguro que recibirán una recompensa.» (NTV)

Jesús toma recompensas celestiales y las hace accesibles para todos. Él se encuentra hablando con personas que han hecho exactamente esto, lo han recibido como profeta, y les dice: —Serás recompensado por dejarme entrar en tu corazón, no sólo con una palmada en el hombro, sino con la misma recompensa que recibo como profeta.—

Sólo por haberle dado la bienvenida a sus aldeas, por escuchar, por dejarle permanecer en sus hogares, estas personas participarían en la herencia de Jesús.[2]

Al igual que ellos, compartirás la recompensa de Jesús por recibirlo en tu corazón. No sólo eso, sino que no perderás tu recompensa aún por el más pequeño acto de servicio. Ofrecer un chicle, abrir la puerta para un hombre con un bastón, abrazar a un niño llorando con una rodilla raspada, cualquier cosa pequeña que haces como resultado de la compasión de Jesús, será publicado en el Muro de los Héroes del Cielo. Los seguidores de Jesús que están más sintonizados con estos pequeños actos de benignidad a menudo se sienten pasados por alto o no reconocidos, porque ven cosas que otros no. A ti, Jesús te dice: —No olvidaré lo que has hecho. Todo acto amable que has hecho por alguien, realmente los has hecho por mí, y te será reconocido y celebrado en el Cielo.

1. Jesús, ¿qué he hecho por alguien esta semana, que recordarás?

2. Dame una imagen visual de cómo celebras algún pequeño acto de benignidad que he hecho por Ti.

3. Jesús, ¿cómo te sientes cuando puedes dar la recompensa del profeta a alguien que te escucha? ¿Qué obtienes al recompensarnos desproporcionalmente por lo que hemos hecho?

4. Espíritu Santo, ¿qué ves y amas en Jesús cuando Él está recompensando a su pueblo?

5. Jesús, así es como me impacta escucharte hablar de Tu sistema de recompensas.

---

2   Para más información sobre el sistema de recompensa de Dios, vea la meditación en Mateo 23: 11-12 (páginas 104 y 106).

DIARIO

LIBERTAD

Mateo 11:2-6

«Juan el Bautista, quien estaba en prisión, oyó acerca de todas las cosas que hacía el Mesías. Entonces envió a sus discípulos para que le preguntaran a Jesús: —¿Eres tú el Mesías a quien hemos esperado o debemos seguir buscando a otro? Jesús les dijo: —Regresen a Juan y cuéntenle lo que han oído y visto: los ciegos ven, los cojos caminan bien, los leprosos son curados, los sordos oyen, los muertos resucitan, y a los pobres se les predica la Buena Noticia. Y díganle: «Dios bendice a los que no se apartan por causa de mí.» (NTV)

Juan es el más grande de los profetas, quien preparó el camino para que el Mesías viniera. Pero aquél con el más alto llamado, ahora se encuentra en las circunstancias más bajas, impotente dentro de una celda en prisión, mientras que el primo que él impulsó está afuera sanando, resucitando gente y ayudando a los desamparados.

No sabemos qué tan cercanos eran cuando niños, pero Juan bautizó a Jesús. Él sabía entonces que su primo llevaba el mayor llamado. Allí, ante los ojos de Juan, cuando Jesús emergió desde el agua, el cielo se abrió y el Espíritu descendió sobre Jesús como una paloma, y se escuchó una voz como trueno, «Este es mi Hijo, al cual amo, en quien me complazco» (Mateo 3:17).

Juan sabía que Jesús era el Mesías. Pero las dudas vinieron cuando él vio la realidad de su situación terrenal. ¿Acaso el Mesías no vino a arreglar las cosas, a liberar a los cautivos y a traer El Reino de los Cielos a la tierra? Casi parece como si Juan estuviera diciendo, «¡Oye, primo! Si tienes todo ese poder y llamado… ¿podrías venir a liberarme?» o «Si eres quién dices que eres, ¿podrías prestar atención aquí a mi difícil situación?» Tal vez, incluso se cuestionó: *Si así es como van a salir las cosas, ¿eres realmente quién yo pensaba que eras?*

Cuando nos enfocamos en nuestras propias circunstancias, tendemos a pedirle a Jesús que nos saque de ellas porque anhelamos la libertad *de* nuestra circunstancia, un cambio en la realidad terrenal en la que vivimos. A veces, esto es justo lo que sucede. Hay sanación o liberación o cambios dramáticos en nuestra circunstancia. Nosotros aprendemos a llamar el Cielo hacia la tierra, y los milagros vienen, aunque no siempre.

Sin embargo, todavía hay una mayor libertad disponible, incluso mayor que la libertad de nuestras circunstancias. Es la libertad *interior*. Es el poder de experimentar la benignidad de Dios en medio del desafío, dolor o sufrimiento; la capacidad de disfrutar de la libertad de confiar cuando no entendemos. Esta es una libertad que ninguna situación terrenal puede quitar. Lo trascendemos a través de nuestra confianza en la relación, y así recibimos fuerza para enfrentar la tormenta y cruzar al otro lado. Nos inclinamos hacia Jesús, y en lugar de transformar las circunstancias, nosotros mismos somos transformados.

De cualquier manera, el camino que caminamos con Él es un camino de libertad.

1. *Papá, ¿en qué área te complace liberarme hoy?*

2. *Espíritu Santo, recordemos los tiempos en los que has cambiado mis circunstancias en respuesta a mi clamor. ¡Llévame de regreso a uno de esos recuerdos, para que podamos regocijarnos juntos!*

3. *Esas veces que no has cambiado mi situación, a pesar de que yo quería que lo hicieras ¿de qué forma has transformado mi corazón al confiar en Ti en mis circunstancias adversas?*

4. *Abba, tómame en Tu regazo y muéstrame cómo te sientes sobre lo que estoy enfrentando o donde he estado.*

5. *Jesús, Tú eres la Verdad que me libera. ¿Qué verdad sobre Tu carácter y corazón me estás mostrando en este mismo momento?*

DIARIO

PAZ

Mateo 11:28-30

«Luego dijo Jesús: Vengan a mí todos los que están cansados y llevan cargas pesadas, y yo les daré descanso. Pónganse mi yugo. Déjenme enseñarles, porque yo soy humilde y tierno de corazón, y encontrarán descanso para el alma. Pues mi yugo es fácil de llevar y la carga que les doy es liviana.» (NTV)

Según la tradición, Jesús en Su papel de *tekton* (palabra griega para carpintero o constructor) hizo yugos y arados. Cada yugo tenía que adaptarse especialmente a cada animal. Como señala un constructor de yugo:

«Los yugos de bueyes son como zapatos para niños. Un tamaño no se ajusta a todos. Una pareja de animales jóvenes puede necesitar hasta cinco o seis yugos, antes de que alcance su madurez. Un yugo bien adaptado permitirá que un equipo de bueyes jale a su máximo potencial. Un yugo mal ajustado o equipado causará incomodidad, podría dañar los bueyes, y no permitirá que el equipo jale a su máximo potencial.» [3]

Cuando Jesús, el Maestro artesano, dijo «mi yugo es fácil», le vienen a la mente recuerdos de Su tiempo en la carpintería: tallando la abertura curvada en el yugo para que se ajuste alrededor del cuello de cada animal, lijándola con cuidado para que no roce en ningún punto y dañe al animal. Cuando Él te pide «Pónganse mi yugo,» se refiere a que Él hizo uno especialmente diseñado para ti y para Él. Está diseñado para preservarte del dolor innecesario y dejarte alcanzar tu máximo potencial. Así como los yugos fueron hechos para unir el poder de tracción de dos animales, Su yugo está destinado a unir tu fuerza a la suya y dejar que los dos jalen juntos.

1. *Creo que necesito un reajuste de yugo. Anhelo un profundo descanso para mi alma. ¿Puedes darme una idea de «fácil y ligero» hoy en día mientras trabajamos juntos, Jesús?*

2. *Jesús, con todo lo que hay que hacer, es difícil permanecer en el yugo fácil contigo. ¿Qué quieres decirme sobre todas las cosas en mi lista de tareas pendientes de hoy?*

3. *¿Cómo lo hiciste? ¿Cómo mantuviste una conexión tan fácil e íntima con nuestro Padre, aquí en la Tierra?*

4. *¿Qué quieres decir cuando mencionas que eres «manso y humilde de corazón»? Háblame de esa manera hoy, quiero conectarme con esa parte de quién eres.*

5. *Jesús, gracias por creer en mí cuando dices, «Encontrarás descanso para tu alma». Honestamente, a veces yo me pregunto si voy a lograrlo, y es bueno saber qué crees en mí.*

---

[3]   Tiller´s Tech Guide - Building An Ox Yoke

DIARIO

LIBERTAD, RECONOCIMIENTO

Mateo 13:41-43

«Enviará el Hijo del Hombre a sus ángeles, y recogerán de su reino a todos los que sirven de tropiezo, y a los que hacen iniquidad, y los echarán en el horno de fuego; allí será el lloro y el crujir de dientes. Entonces los justos resplandecerán como el sol en el reino de su Padre. El que tiene oídos para oír, oiga.»

Las piedras de tropiezo, la injusticia, romper las reglas, las tentaciones; la vida está llena de estas. Pero imagina un lugar donde nuestro Padre ha recogido todas esas cosas con las que luchamos, y las quita completamente. Eres libre.

En ese Cielo nunca más tendrás que luchar contra la lujuria, la envidia o la ira. No hay necesidad de ejercer el autocontrol, porque sólo lo bueno saldrá de ti, sin esfuerzo y naturalmente. Nunca más serás herido por la herida de otro, o aplastado por un sistema indiferente, ni te lastimarás por una mala elección. No hay nada de lo que se tenga que proteger tu corazón.

Suena bien, ¿verdad? Ese es el lugar para el cual nuestro Padre te ha escogido, que Jesús ha construido para ti, y un día caminarás en ese lugar.

Estás siendo reconstruido para eso todos los días, en secreto. El Reino de Dios creciendo en ti, se oculta a simple vista, en esta parábola (ver versículos 24-30). Jesús te compara al trigo brotando en un campo que el enemigo ha saboteado con una mala hierba llamada cizaña. Esta hierba venenosa del medio oriente es virtualmente indistinguible del trigo, hasta que aparecen las cabezas de grano.[4] Sólo entonces pueden separarse el trigo de la mala hierba.

Los buenos y los malos crecen juntos en este mundo, y a menudo es difícil distinguirlos. ¿Quién puede decir si la verdad sale en la corte, en las noticias, en la política o incluso en los conflictos cotidianos en el trabajo? ¿Quién sabe realmente de la gloria que reside dentro de ti?

Quién realmente eres, se encuentra oculto dentro de una nube, y sólo débiles vapores de luz escapan para insinuarlo. Pero en el día de Dios, la nube se quitará, y «Los hombres sabios, los que guiaron a muchos por el camino recto, brillarán como la bóveda celeste; ¡Brillarán por siempre, como las estrellas! Por los siglos de los siglos» (Daniel 12:3). Serás visto plenamente, conocido plenamente y plenamente valorado, en la gloria que tu vida ha ganado.

«Queridos hermanos, ya somos hijos de Dios. Y aunque no se ve todavía lo que seremos después, sabemos que cuando Jesucristo aparezca seremos como Él, porque lo veremos tal como es» (1 Juan 3:2).

1. *Sumérgete en el hecho de que, en el Cielo, todas las causas del pecado son eliminadas, ¡eres libre! Ya ni siquiera estarás consiente de la tentación, y mucho menos tienes que luchar contra ella. Deja que ese pensamiento inunde tu corazón.*

2. *Jesús, ayúdame a imaginar cómo será cuando yo brille como el sol en el Reino de nuestro Padre.*

3. *Jesús, anhelo ser visto, conocido y valorado. Cuando quites la cubierta, brillarás en mí y todos lo verán. Pero ¿cómo me valoras y me conoces ahora?*

4. *¿Cómo me ves hoy como un justo? ¿Cómo puedo verlo desde Tu perspectiva?*

5. *¿Qué sientes cuando nos ves, a las personas por las que has dado Tu vida, brillando como el sol en el Reino del Padre? ¿Que impacta eso en Tu corazón?*

---

4   Sembrar la cizaña para sabotear un campo de trigo era en realidad un crimen en la ley romana.

DIARIO

VALOR

Mateo 13:51-52

«Jesús les dijo: ¿Habéis entendido todas estas cosas? Ellos respondieron: Sí, Señor. Él les dijo: Por eso todo escriba docto en el reino de los cielos es semejante a un padre de familia, que saca de su tesoro cosas nuevas y cosas viejas.»

Una manera de traducir este pasaje con el que podemos relacionarnos podría ser, «Todo erudito que también se ha convertido en un estudiante del Reino de los Cielos...» Imagina un profesor de religión de una universidad sentado en la hierba en una ladera, escuchando a Jesús contar historias sobre el Cielo. Jesús tiene un tesoro especial para aquellos que tienen educación y todavía pueden aprender; o los que son padres en la fe, pero todavía son capaces de hacerse como niños y aprender algo de las historias. Cuando le hacemos a Papá una pregunta como lo haría un niño, Su corazón se enternece.

Incluso cuando nos movemos a un nuevo lugar en nuestro caminar con Dios, nuestro Padre nunca deja de valorar lo que hemos logrado en el pasado. ¿Te ha pasado que estas en una nueva etapa en tu vida y menosprecias cómo actuabas antes? O recuerdas que pensabas que la universidad

era trabajo duro y te sueltas a reír; o relees una entrada antigua de tu diario y te asombra tu ingenuidad, o bromeas sobre las cosas locas que hiciste cuando eras recién convertido. Tenemos una tendencia a despreciar aquello que hemos superado.

Sin embargo, toda tu devoción a Dios, nueva o vieja, bien o mal hecha, es de gran valor para nuestro Padre. Como los papás que guardan los dibujos que hicimos en preescolar o la grabación de nuestro primer juego de futbol, Él atesora cada encuentro contigo. Toda patada o batazo equivocados, cada vez que el crayón se salía de las líneas, simplemente hace el momento más entrañable. Cada momento pasado en la búsqueda de tu Padre Celestial es otra joya añadida al tesoro de tu relación con El. Él ama todos esos recuerdos atesorados, tanto antiguos como nuevos.

1. *Háblame del tesoro que hay en el hogar de mi corazón. ¿Qué dices que hay en él?*

2. *¿Qué tesoro tengo que puedo traerte a Ti hoy?*

3. *Cuando entro en una nueva etapa o aprendo una nueva forma de vivir la vida, tiendo a menospreciar lo que era antes. ¿Hay algún momento en el que haya hecho esto, que te gustaría mostrarme cómo lo ves Tú?*

4. *Padre, pareces deleitarte aún más cuando llegamos a Ti como niños, como aquellos que ya te conocen siguen siendo alumnos y aprenden algo nuevo. ¿Por qué te complace esto especialmente?*

5. *Padre, a veces me arrepiento de todo el tiempo que he pasado estudiando reglas y principios bíblicos sin realmente conectar con Tu corazón en ellos. ¿Cómo es este tiempo valioso para Ti?*

DIARIO

CONSUELO, SEGURIDAD

Mateo 14:25-27

«A eso de las tres de la madrugada, Jesús se acercó a ellos caminando sobre el agua. Cuando los discípulos lo vieron caminar sobre el agua, quedaron aterrados. Llenos de miedo, clamaron: ¡Es un fantasma! Pero Jesús les habló de inmediato: —No tengan miedo —dijo—. ¡Tengan ánimo! ¡Yo estoy aquí!» (NTV)

Imagina la escena. Un pequeño barco de madera navegando en el agua oscura, la luz pálida de la luna iluminando los musculosos brazos de un pescador cansado, erguido, aferrando fuertemente el timón. Cuatro remeros llevan un ritmo lento contra el viento, mostrando poco progreso para una fría noche de trabajo. Encogidos entre los bancos, un grupo de marineros de fin de semana, empapados y mareados, se acurrucan al fondo del bote, inertes como lastre. Sus maldiciones y quejas por la ineptitud de sus compañeros hace rato que se han convertido en gemidos bajos.

Los doce hombres partieron la noche anterior, confiando en lo que les aseguraron los pescadores y pensando que estarían en casa para la hora de dormir. Entonces, estalló una tormenta inesperada. Ahora cansados, fríos, frustrados unos con otros y un poco asustados, anhelaban vislumbrar la orilla.

En vez de eso, un remero sorprendido gritó aterrorizado, vislumbrando una aparición fantasmal en el agua. La figura gris se dirigía directamente hacia el barco, ignorando el rocío de la lluvia. —¡Mira allá! —el pescador señaló, agazapado detrás del borde del bote. —¡Dios nos salve! ¡Es un fantasma!

Jesús los consuela rápidamente. —Calma, soy yo, —gritó, girando ligeramente para traer su cara familiar de la sombra hacia la luz de la luna. —¡No tengan miedo!

Aunque la figura que vieron en el agua era de un gran amigo, los recuerdos que los discípulos tenían de los cuentos de pescadores, e historias de fantasmas de su niñez habían distorsionado su visión. En lugar de ver a un protector conocido esos recuerdos los llevaron a ver peligro, y querían alejarse de Jesús por el miedo.

La respuesta de Jesús fue inmediata: —¡Miren, soy yo! Me conocen y saben que no tienen nada que temer de mí.

Compartimos la experiencia de los discípulos. Nuestros recuerdos de los fracasos del pasado, los dolores y las amargas decepciones, nos hacen reaccionar con temor cuando Jesús viene a tocar las aguas profundas de nuestros corazones. Necesitamos seguir escuchando la voz de quien anhela consolarnos: —Calma, soy yo. No tengas miedo.

1. *Jesús, a veces temo que Tú harás _____. ¿Es eso cierto?*

2. *Jesús, tengo un profundo anhelo de consuelo y seguridad. ¿Qué es lo que quieres decirme en esto?*

3. *¿En qué área de mi vida quieres decir: —Soy yo, no tengas miedo?*

4. *Jesús, ¿dónde ves valentía en mí?*

5. *Entonces, ¿cómo es para Ti no tener miedo de nada?*

D I A R I O

AMOR, SEGURIDAD

Mateo 14:28-32

«Entonces Pedro lo llamó: -Señor, si realmente eres tú, ordéname que vaya hacia ti caminando sobre el agua. Sí, ven dijo Jesús. Entonces Pedro se bajó por el costado de la barca y caminó sobre el agua hacia Jesús, pero cuando vio el fuerte viento y las olas, se aterrorizó y comenzó a hundirse. —¡Sálvame, Señor! —gritó. De inmediato, Jesús extendió la mano y lo agarró. —Tienes tan poca fe —le dijo Jesús—. ¿Por qué dudaste de mí? Cuando subieron de nuevo a la barca, el viento se detuvo.» (NTV)

Me cuesta mucho visualizarme teniendo la audacia de pedirle a Jesús que camine sobre el agua. Bueno, seamos honestos, *no hay manera* de que yo saliera a un mar agitado fuera de la vista de la tierra y tratara de caminar a través de las olas. Incluso más allá del acto físico de estar de pie sobre un lago, es el descaro de lo que Pedro le está pidiendo a Jesús hacer. —Jesús, *si* eres Tú, aunque estés en este momento haciendo un milagro, haz otro sólo para mí, sólo para demostrar que eres realmente Tú.— Ni siquiera pensaba que podíamos pedir cosas como esa.

La respuesta de Jesús es simplemente: —Ven.— Él no se molestó con Pedro por hacer una petición loca, o por no reconocer quién era. Analizando la teología de lo que es y no es apropiado pedir, no parecía ser un problema tampoco. ¡Jesús ni siquiera parecía sorprendido por la petición de Pedro! ¡El único punto en la historia donde Él expresó Su asombro, fue cuando el discípulo *no pudo* caminar sobre el agua!

Aunque, tienes que admirar la dirección hacia la que va Pedro, «Pídeme que venga a Ti». Pedro pide una milagro para acercarse a Jesús. —Si eres realmente Tú, Jesús, me pedirás que me acerque, porque sé que de eso se trata. Voy a hacer esto que es loco y sin sentido sólo si dices que sí, porque sé que harías lo que fuera necesario para estar más cerca de mí.

Incluso el fracaso de la fe de Pedro, es glorioso. Comenzó a dudar si Jesús podía capacitarle a caminar sobre el agua, así que Jesús extendió Su mano a él, lo jaló y *caminó con él en el agua de regreso al barco*. Jesús no cargó a Pedro. No lo lanzó al bote, volvieron *juntos* al barco. Aun cuando la fe de Pedro falló, Jesús le permitió hacer lo que había pedido.

¿Qué pasaría si hoy fueras tan intrépido en tus peticiones como Pedro? ¿Qué podría suceder si pidieras un milagro en tu vida para acercarte más a Él?

1. *Jesús, quiero acercarme. Pídeme que venga a Ti de una manera que extienda mi fe y suceda un milagro.*

2. *Jesús, ¿qué me falta saber de quién eres, que hace que me sea difícil ser tan audaz como Pedro?*

3. *Cuando Pedro estaba en problemas, inmediatamente extendiste Tu mano hacia él y lo rescataste. ¿En qué estás trabajando para rescatarme hoy?*

4. *Hiciste por Pedro lo que no podía hacer por sí mismo. ¿Cómo haces eso por mí?*

5. *Jesús, a menudo siento que estoy sentado en el bote, observando a otros dar saltos de fe y que yo estoy demasiado asustado para intentarlo. Siento que soy un aprendiz demasiado lento. ¿Cómo te sientes acerca de mi progreso?*

DIARIO

VALOR, SEGURIDAD

Mateo 15:25-28

«Entonces ella vino y se postró ante él, diciendo: ¡Señor, socórreme! Respondiendo él, dijo: No está bien tomar el pan de los hijos, y echarlo a los perrillos. Y ella dijo: Sí, Señor; pero aun los perrillos comen de las migajas que caen de la mesa de sus amos. Entonces respondiendo Jesús, dijo: Oh mujer, grande es tu fe; hágase contigo como quieres. Y su hija fue sanada desde aquella hora.»

Esta historia trata acerca de pedir algo incorrecto en el momento equivocado de la manera equivocada, y de cómo Jesús responde. La misión de Jesús no era ministrar a las mujeres gentiles: ese trabajo estaba reservado para su cuerpo, la Iglesia, después de su regreso al Cielo. Ella hizo la petición equivocada. Y para hacerlo, interrumpió una reunión privada que Jesús había planeado sólo para Él y Sus discípulos. Finalmente, habían salido todos ellos del país para escapar de las constantes demandas de las multitudes, y después fue confrontado por esta mujer loca que no lo dejaría en paz. Era el momento equivocado.

Encima de todo esto, la mujer sabía que era un estorbo, «molestando» a los discípulos y «volviéndolos locos». A pesar de que sus porteros dijeron —No—, ella no se detenía. Ignorándolos, desconoció su autoridad y llevó su caso directamente a Jesús, rogándole de rodillas por ayuda. Grosera e invasiva, hizo su petición en la forma equivocada.

Entonces, ¿cómo respondió Jesús a la petición inapropiada de esta mujer, hecha en el momento equivocado, de una forma mal educada y exigente? ¡Él elogió su fe, y rompió todas las reglas para cumplir su anhelo! ¡Qué profundo, qué ancho, qué tan alto es Su anhelo de ayudarnos cuando estamos en problemas! Incluso cuando estaba fuera de su propósito, en el momento incorrecto y la manera en que le pidió ayuda fue molesta y áspera, Jesús respondió rescatándola y protegiendo a una hija que nunca había conocido. ¡Cuánto más Él anhela responder a tus oraciones y cumplir los anhelos más profundos de tu corazón!

Recuerda un momento en tu vida en el que te sentiste avergonzado de seguir pidiendo ayuda, y luego colócate en esta historia. Jesús se deleitó en el hecho de que ella seguía preguntando y nunca renunció a su creencia de que Él era bueno y sería bueno con ella. Su corazón es el mismo para ti.

1. *Jesús, cuando me siento el menos digno de ser tocado por Ti es porque _____.*
   ¿Qué te gusta de mí en esta situación?

2. *Padre, a veces me da vergüenza seguir pidiéndote _____. ¿Cómo te agrada cuando persevero en traer esto a Ti y no renunciar?*

3. *Padre, ¿cómo me proteges hoy?*

4. *Papito, sostenme en Tus brazos grandes y fuertes y dime cómo estoy a salvo en Ti.*

5. *Espíritu Santo, cuéntame sobre Tu título, El Ayudador. ¿En qué te gusta ayudarme?*

PREGUNTAS PARA JESÚS

DIARIO

SEGURIDAD, SER CONOCIDO

Mateo 15:32

«Entonces Jesús llamó a sus discípulos y les dijo: —Siento compasión por ellos. Han estado aquí conmigo durante tres días y no les queda nada para comer. No quiero despedirlos con hambre, no sea que se desmayen por el camino.» (NTV)

«Y Jesús, llamando a sus discípulos, dijo: Tengo compasión de la gente, porque ya hace tres días que están conmigo, y no tienen qué comer; y enviarlos en ayunas no quiero, no sea que desmayen en el camino.»

Después de tres días juntos, acampando en la ladera de la montaña frente a una hermosa vista del lago, Jesús se sentía unido a la gente. Había enseñado al grupo, había curado a muchos individuos de uno en uno y se alegraron con ellos cuando respondieron al toque del Padre. Durante los tres días, se había sentado junto a sus fogatas, compartiendo sus historias, y había conversado con muchos de ellos individualmente. Pero ya era hora de irse.

Sentía hacia ellos una profunda compasión, y por esa compasión se preocupó por lo que experimentarían en el largo camino a casa. Observándolos en las comidas, se dio cuenta de que muchos simplemente habían dejado todo y habían venido por el intenso deseo de ser tocados por Dios, que incluso no pensaron en llevar provisiones ni si quiera para un día, y mucho menos tres.

Jesús estaba orgulloso de cómo la gente había respondido. Se habían convertido en una verdadera comunidad, compartiendo libremente y dando la bienvenida a los que no tenían nada para compartir a unirse a este círculo familiar. Nadie pasó hambre durante esos tres días; tan sólo gozo y risas resonaron de cien pequeños círculos alrededor de las fogatas.

Esto es justo lo que quería, Padre, —susurró Jesús, mirando a los pequeños grupos dispersos por la ladera. —Ellos se están tratando como lo hacemos nosotros. Amándose, compartiendo todo, honrándose el uno al otro; qué hermoso cuadro de nuestra comunión. Verte en ellos me llena, Padre, estoy verdaderamente satisfecho con lo que hemos logrado.

Y sin embargo, viéndolos comer sus últimas migajas rancias, despertó a Jesús a la acción. Lo habían hecho bien, compartiendo lo que tenían. Ahora, nuestro Padre multiplicaría sus esfuerzos más allá de lo humanamente posible, hasta que satisfizo todas las necesidades. Vio su necesidad, y la suplió.

Jesús multiplicó milagrosamente las pocas sobras para que Su familia no tuviera que viajar a casa con el estómago vacío. Pero sus acciones hablaron un mensaje más grande: que lo que empezamos por amor a Él, Él lo terminará moviendo el Cielo y la Tierra.

1. *Jesús, gracias por Tu grandiosa provisión. Gracias por la comida y el agua y las cosas simples que suministras en mi vida diaria.*

2. *Dime cómo estás al pendiente de mí hoy, Jesús. ¿Qué es lo que en mi vida atrae Tu atención?*

3. *Jesús, ¿de qué estás orgulloso de mí hoy? ¿Cómo estoy satisfaciendo Tu anhelo?*

4. *Jesús, muestra Tu compasión por alguien a quien amo. ¿Cómo está esa persona en Tu corazón, hoy?*

5. *Jesús, yo sólo corrí detrás de Ti sin planificar el viaje. ¿Cuál es la forma en que proveíste, para que yo no desmayara en el camino?*

DIARIO

SER CONOCIDO

Mateo 16:15-19

«Entonces Jesús les preguntó: —Y ustedes, ¿qué opinan? ¿Quién soy yo? Pedro contestó: —Tú eres el Mesías, el Hijo del Dios que vive y da vida. Jesús le dijo: —¡Bendito seas, Pedro hijo de Jonás! Porque no sabes esto por tu propia cuenta, sino que te lo enseñó mi Padre que está en el cielo. Por eso te llamaré Pedro, que quiere decir «piedra». Sobre esta piedra construiré mi iglesia, y la muerte no podrá destruirla. A ti, Pedro, te daré autoridad en el reino de Dios. Todas las cosas que tú prohíbas aquí en la tierra, desde el cielo Dios las prohibirá. Y las cosas que tú permitas, también Dios las permitirá.» (NTV)

Al pasar tiempo con Jesús, los discípulos aprendieron a conocer y nombrar las verdaderas identidades de cada uno de ellos. De Natán: «Un israelita, sin lugar a duda, en quien no hay engaño» (Juan 1:47); a Santiago y Juan, los «Hijos del Trueno» (Marcos 3:17). Jesús reconoció lo que había en cada individuo de su círculo más íntimo.

«¿Quién dicen que soy?» es una invitación para que los discípulos hagan lo mismo por su líder. Jesús comienza preguntando sobre quién dicen las multitudes que Él es, quién les parece a ellos que es por fuera, a aquellos que no lo conocen íntimamente. Entonces pide más de Sus discípulos: —Ahora, tú que realmente me conoces, dime quién soy en realidad.

Pedro se levanta al momento, respondiendo: —El Cristo, el Mesías, el Hijo de Dios.— ¡Un momento hermoso para Jesús, cuando uno de Sus amigos más cercanos toca Su profundo deseo de ser conocido por quién realmente es! Y qué glorioso momento para su Iglesia, cuando los seguidores de Jesús aprendieron a mirar más allá de las impresiones superficiales y reconocer la verdadera identidad de una persona.

Jesús mantiene la conversación viva al decirle a Pedro quién es realmente. —Dichoso tú, Simón hijo de Jonás,— le dice con regocijo Jesús. —Realmente lo entiendes. No sólo sabes quién soy, sino corriste el riesgo de hablar a mi anhelo más profundo y a mi verdadera identidad. Y lo hiciste por la forma en que el Padre me ve, en lugar de determinarlo por la forma en que me ven las multitudes por fuera. ¡Sigue haciendo esto! Sigue apreciando a las personas por quiénes realmente son, y verdaderamente serás bendecido.

1. *¿Quién dices que soy yo, Jesús?*

2. *Jesús, ¿cómo te impactó cuando alguien finalmente reconoció tu verdadera identidad?*

3. *Jesús, quiero devolverte el favor: esto es quién realmente eres para mí.*

4. *Cuéntame lo que es tener «acceso completo y gratuito al Reino de Dios». ¿Qué me da eso?*

5. *Jesús, ¿a quiénes podríamos sorprender diciéndoles quiénes son realmente, el día de hoy?*

DIARIO

....
....
....
....
....
....
....
....
....
....
....
....
....
....
....
....
....
....
....
....
....
....
....
....
....

AMOR

Mateo 17:5

«Mientras él aún hablaba, una nube de luz los cubrió; y he aquí una voz desde la nube, que decía: Este es mi Hijo amado, en quien tengo complacencia; a Él oíd.»

Este es un pasaje para empapar tu corazón. Como Jesús a menudo mencionó: «Deja que estas palabras llenen tu corazón». Al leerlo, en lugar de pensar en las implicaciones teológicas del pasaje, simplemente deja que las palabras de nuestro Padre te impacten. Él está diciéndote lo mismo hoy como lo hizo en ese día, hace dos mil años. —Eres mi amado para siempre. Eres adoptado en mi familia. Estoy contento contigo.

Prueba esta verdad; deja que sea una realidad viviente que entra en ti y afecta tu ser. Deja que el amor te envuelva y sostenga tu corazón en su abrazo. Permanece dentro de los brazos de Padre, como un niño que experimenta la calidez y seguridad de ser cobijado. Deja que la experiencia sin palabras de pertenecerle te inunde y te complete hasta que desborde todo tu ser.

Para conocer verdaderamente, el corazón debe experimentar la verdad. Para experimentar verdaderamente, el corazón debe abrirse y abrazar el misterio de un toque que sobrepasa el entendimiento. Cuando el conocimiento correcto *acerca de* La Trinidad está acoplado con la verdad experimentada *en ellos*, una verdad probada, vista y tocada; entonces podemos verdaderamente decir que conocemos a Padre, Hijo y Espíritu.

1. *Permite que Padre te hable estas palabras, y que inunden tu corazón: «Tú eres mi hijo amado [o hija amada]; en ti estoy complacido».*

6. *Padre, ¿cómo soy arrastrado a Tu amor en este momento?*

7. *Papito, ¿qué te hace feliz de mí, hoy? ¿Cómo te regocijas por mí?*

8. *Padre, háblame de Tu amor por Jesús.*

9. *Papito, déjame ver Tus ojos amorosos esta mañana. No necesito palabras, sólo mirarte es suficiente.*

DIARIO

SIGNIFICADO, LOGRO

Mateo 17:19-20

«Viniendo entonces los discípulos a Jesús, aparte, dijeron: ¿Por qué nosotros no pudimos echarlo fuera? Jesús les dijo: Por vuestra poca fe; porque de cierto os digo, que si tuviereis fe como un grano de mostaza, diréis a este monte: Pásate de aquí allá, y se pasará; y nada os será imposible.»

Piensa en el contexto de este pasaje en el que Jesús afirma que la fe de Sus discípulos era pequeña (nos referiremos al Evangelio de Lucas, porque es el más cronológico de los Evangelios). Estos hombres habían estado viajando por todo el país sanando «por todas partes» a los enfermos (Lucas 9:6). Tan sólo nueve días antes habían escuchado la gran confesión de Pedro (Lucas 9:20) y la respuesta de Jesús a Su confesión: «Lo que tú ates en la Tierra, estará atado en el cielo». Lo estaban sintiendo. Y estaban plenamente empoderados ejecutando el ministerio de Jesús, mientras, Él tomaba un día libre para retirarse al monte (Lucas 9:28). Ahí es cuando tiene lugar la historia del epiléptico.

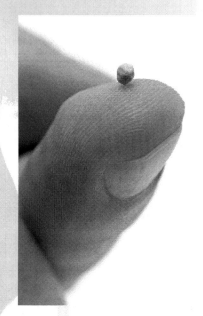

Así que justo en medio de ser enviados a su destino en el ministerio, haciendo milagros que hubieran sido inconcebibles para ellos un año antes, Jesús los llama a algo más grande. —Todo lo que has hecho hasta ahora: sanar a los enfermos, expulsar demonios, predicar las buenas nuevas… No es nada. Solo requeriste una pequeña cantidad de fe para hacer eso. Has llegado a los límites de tu fe en este caso, pero necesitas entender que Dios es mucho, mucho más grande de lo que crees que es. De hecho, si tu pequeña fe creciera tan sólo al tamaño de una semilla de mostaza, podrías hacer lo que sea, ¡lo que sea! Si realmente entendieras lo grande que es mi Padre, y le creyeras, no habría imposibles para ti.

Si tu anhelo es llevar una vida significativa, cambiar el mundo, Jesús está hablando a tu corazón. —¡Nada será imposible para ti!

Tu destino está basado en lo que crees. No se trata de lo inteligente que eres, o si tienes dinero, u oportunidades, o si naciste privilegiado. Si tienes un poco de fe, no habrá persona o circunstancia que pueda impedir que te conviertas en quien naciste para ser. Caminas con un maravilloso y gran Dios y podrás hacer grandes cosas.

1. *Padre, ¿cómo soy importante para Ti hoy?*

2. *Jesús, ¿qué has logrado ya con mi fe de lo que estás realmente orgulloso?*

3. *Papá, ¿hay algo en lo que pueda usar mi fe hoy?*

4. *Jesús, ¿qué es una cosa que a mí me parece un desafío imposible que Tú dices que sí podemos enfrentar juntos?*

5. *Padre, voy a ensancharme y pedir algo realmente grande, porque creo en Ti y en que Tú eres Bueno.*

   Aquí está: _____.

DIARIO

SER CONOCIDO, SEGURIDAD

Mateo 18:10

«Mirad que no menospreciéis a uno de estos pequeños; porque os digo que sus ángeles en los cielos ven siempre el rostro de mi Padre que está en los cielos.»

«Cuidado con despreciar a cualquiera de estos pequeños. Les digo que, en el cielo, sus ángeles siempre están en la presencia de mi Padre celestial.» (NTV)

En esta famosa foto de 1963, John Jr., el hijo del presidente John F. Kennedy, aparece jugando bajo el famoso «Escritorio de resolución» en la oficina oval.

Nacido en la «Casa Blanca», John Jr. llamó al espacio detrás de la puerta secreta del escritorio «mi casa». Para él, el líder de 250 millones de personas era simplemente «Papito», y el centro neurálgico del país era su lugar de juegos.

De la misma manera, «nuestra casa» es el centro neurálgico del Reino, y nuestras alegrías y preocupaciones van directamente a lo más alto. Como hijos del Rey, nuestros embajadores personales, los ángeles, disfrutan constantemente estar cara a cara con nuestro Padre. ¡El Cielo tiene un sistema de comunicación para tener bien atendida hasta la necesidad más pequeña del niño más joven!

Cuando pensamos en el acceso a un presidente, visualizamos una fila de ayudantes esperando a su puerta, cada uno de ellos con pocos minutos preciados para atender su asunto. Pero como hijos, tenemos una puerta secreta en el patio de recreo bajo el trono del Cielo. Incluso mientras se orquesta la operación del universo, nuestro Padre tiene un número infinito de momentos para pensar en ti. No sólo están contados los cabellos de tu cabeza, sino que los cuenta cada día, ¡y su cuenta cambia cada vez que uno cae!

Y este Padre Asombroso no menosprecia a nadie. La palabra «despreciar» en este versículo significa «Pensar poco acerca de» o «mirar despectivamente». La razón por la que se nos manda a no despreciar o subestimar a nadie, es porque así es como Padre nos trata. Todo el que se acerca a Él es plenamente digno de Su tiempo y tiene su completa atención. Nadie es despreciado.

En este momento, nuestro Padre está recibiendo informes actualizados sobre tus alegrías y preocupaciones. Tu representante personal tiene una audiencia con Él en este mismo momento. Él te conoce completamente, constantemente te cuida, y la puerta secreta para jugar bajo el trono está siempre abierta.

1. *Jesús, ¿cómo se ve cuando los ángeles que nos representan tienen una audiencia con nuestro Padre?*

2. *Padre, ¿te gustaría que yo pensara en el Cielo como «mi casa»?*

3. *¿Te gustaría que juegue bajo Tu trono hoy, Papá?*

4. *Padre, ¿cómo prestas atenciones a todos nosotros al mismo tiempo? ¡Yo tengo dificultades para mantenerme concentrado en una cosa!*

5. *Padre, mi deseo es ser plenamente conocido por Ti. Déjame experimentar cómo soy plenamente conocido por Ti hoy.*

DIARIO

....

....

....

....

....

....

....

....

....

....

....

....

....

....

....

....

....

....

....

....

....

....

....

....

....

PERTENENCER, CONSUELO

Mateo 18:19-20

«También les digo lo siguiente: si dos de ustedes se ponen de acuerdo aquí en la tierra con respecto a cualquier cosa que pidan, mi Padre que está en el cielo la hará. Pues donde se reúnen dos o tres en mi nombre, yo estoy allí entre ellos.» (NTV)

Un antiguo dicho judío atribuido a un rabino de los tiempos de Jesús, fue: «Pero [cuando] dos se sientan juntos y hay palabras de Tora [hablada] entre ellos, la Divina Presencia descansa con ellos...» En este pasaje, Jesús declara que Él mismo es la *Shekinah*, la presencia divina que descansa entre Sus seguidores. Eso es muy bonito. Cuando dos cristianos se reúnen para hablar de Jesús, Él está justo ahí en la conversación. Y lo mejor: los judíos de ese tiempo creían que hablar de las *reglas* de Dios fue lo que causó que Dios apareciera. Sin embargo, Jesús les dijo a sus mejores amigos en la tierra que en cualquier momento de su conversación acerca de *Él* estaría ahí con ellos. En lugar de encontrar al Padre cuando hablamos de reglas y principios, en la forma de hacer las cosas de Jesús, le encontramos cuando hablamos entre familia, como familia.

Para realmente entender esto, tienes que ponerte en los zapatos de la gente a quien Jesús estaba diciendo esto. Él hablaba con el grupo de amigos con quienes comía, con quienes dormía sobre el suelo, con quienes charlaba durante las largas horas de camino. Los discípulos fueron como una banda de rock de gira juntos durante tres años. ¡Esa es mucha comunión!

Mi primera experiencia personal de sentirme plenamente conocido fue en una banda de alabanza con la que viajé por varios años. Me conocían en lo mejor y en lo peor. Experimentaron mi sensibilidad espiritual y mi incapacidad para leer música, mi loco sentido del humor y mi enloquecedora tendencia a desafinar. Y me amaban aun con todo eso. Sentía que podía ser yo mismo con ese grupo y que eso estaba bien.

A un grupo tan unido como ese, más apegado a Él que a cualquier otro, Jesús les dice: —Voy a morir pronto. A donde voy no puedes venir, y me van a extrañar. Pero, aunque me voy, ¡no voy a dejarlos solos! Cada vez que estén juntos y hablen de mí, yo estaré entre ustedes. No me refiero sólo a un recuerdo cariñoso, sino *realmente a estar allí:* una presencia divina que entra en la conversación, hablando con ustedes.

La gloria de Dios, la santa presencia *Shekinah* que llenó el templo de Salomón, pero que estuvo notablemente ausente del de Herodes, volvería y habitaría en la tierra otra vez. Pero esta vez no sería en reglas, o aun en edificios, sino en la comunión cotidiana de dos creyentes ordinarios. ¡Asombroso!

1. *Jesús, ayúdame a entender esta presencia. ¿De qué forma puedo entender cómo estás allí cuando hablo de Ti?*

2. *Jesús, gracias por no dejarnos solos, estoy agradecido. ¿Por qué esto fue tan importante para Ti?*

3. *Papá, ¿cómo has entrado en acción por una oración que he compartido esta semana?*

4. *¿Cómo quieres estar presente en mis conversaciones este día?*

5. *¿Por qué estás especialmente presente cuando dos de nosotros hablamos de Ti, frente a frente a diferencia de cuando somos sólo Tú y yo?*

....
....
....
....
....
....
....
....
....
....
....
....
....
....
....
....
....
....
....
....
....
....
....
....
....

VALOR

Mateo 19:13-15

«Cierto día, algunos padres llevaron a sus niños a Jesús para que pusiera sus manos sobre ellos y orara por ellos. Pero los discípulos regañaron a los padres por molestar a Jesús. Pero Jesús les dijo: Dejen que los niños vengan a mí. ¡No los detengan! Pues el reino del cielo pertenece a los que son como estos niños. Entonces les puso las manos sobre la cabeza y los bendijo antes de irse.» (NTV)

Era un día difícil para los discípulos, tratando de evitar que se acercara a Jesús la gente que ellos pensaban que no valía la pena atender. Pero los criterios de admisión de Jesús eran diferentes a lo que los discípulos asumían. Jesús repetidamente rompió las reglas sobre quien tenía acceso al gran Maestro, usualmente a favor de aquellos a quienes la sociedad consideraba menos valiosos (mujeres y niños), pecadores (la mujer que le lavó los pies), o incluso intocables (los leprosos). Los discípulos nunca comprendieron que las personas que aparentemente menos merecían la atención de Jesús eran quienes más seguramente la recibirían.

No importa si eres viejo o joven, si eres «gente bonita» o un drogadicto, si eres un nerd o capitán del equipo de fútbol: Jesús ve un valor increíble en ti. Eres es un individuo que Él creó a mano amorosamente y por quién después murió, quien te dio mucho más valor de lo que la sociedad humana cree que tienes.

Los discípulos trataron de impedir el acceso a los niños, porque los consideraban menos valiosos, creyendo que necesitaban crecer para tener preguntas serias y responsabilidades como para ser dignos de acceder al tiempo de Jesús. Pero Jesús responde: —Estos niños no necesitan ser más parecidos a los adultos para pasar un rato conmigo. Siempre son bienvenidos, de hecho, mi casa está llena de ellos. No te haría daño ser más como niño, en vez de al revés.

A menudo nos esforzamos demasiado para actuar maduramente ante Jesús. Decidimos lo que «deberíamos saber a estas alturas» y nos hacemos responsables de actuar apropiadamente. Hacemos pequeñas reglas sobre qué preguntas son y no son apropiadas para Dios, o qué emociones podemos y no podemos expresarle. Es fácil caer en la misma trampa que los discípulos y operar como guardaespaldas, tratando de filtrar lo que traemos a Dios para estar seguros de que vale la pena Su atención.

Jesús está diciendo: —Oye, Papá y yo no necesitamos que actúes como un adulto sabelotodo y trates de manejarnos. Y no necesitamos que filtres lo que crees que no aceptamos de ti; más bien, ¡todo lo que eres es bien recibido aquí! Puedes venir a Papá como un niño en cualquier momento y decir: «¡Bendíceme, Papá!», o «Realmente duele», hasta incluso, «Estoy enojado contigo». Mi amistad y el regazo de Papá están siempre disponibles.

El Reino de nuestro Padre no es un mundo adulto, donde tú eres responsable de resolver todos tus problemas por ti mismo. Incluso las preocupaciones más pequeñas de un niño son Sus preocupaciones.

1. *Jesús, ¿cómo quieres poner Tus manos sobre mí y bendecirme hoy?*

2. *¿De qué manera puedo ser menos «maduro» y más parecido a un niño con quien disfrutarías estar?*

3. *Jesús, mi anhelo es sentir menos peso de responsabilidad y más descanso y paz. Sé que puedo entregarte mis preocupaciones de hoy. ¿Cómo quieres tocar mi corazón en esta área?*

4. *¿De qué manera soy valioso para Ti? ¿Qué me hace merecedor de Tu tiempo y atención?*

5. *Jesús, ¿sobre qué estás intercediendo por mí en este momento?*

....

....

....

....

....

....

....

....

....

....

....

....

....

....

....

....

....

....

....

....

....

....

....

....

....

....

SIGNIFICADO, RECONOCIMIENTO

Mateo 19:27-29

«Entonces respondiendo Pedro, le dijo: He aquí, nosotros lo hemos dejado todo, y te hemos seguido; ¿qué, pues, tendremos? Y Jesús les dijo: De cierto os digo que en la regeneración, cuando el Hijo del Hombre se siente en el trono de su gloria, vosotros que me habéis seguido también os sentaréis sobre doce tronos, para juzgar a las doce tribus de Israel. Y cualquiera que haya dejado casas, o hermanos, o hermanas, o padre, o madre, o mujer, o hijos, o tierras, por mi nombre, recibirá cien veces más, y heredará la vida eterna.»

Esta conversación viene del diálogo de Jesús con el gobernante joven y rico. Los discípulos están asombrados y desalentados al mismo tiempo al oír a Jesús decir que el que una persona rica que llega al Cielo era como pasar un camello a través del pequeño agujero en una aguja. ¡Esto contradecía a la cultura judía! Toda su vida ellos habían abrazado la creencia que Jesús ahora desafiaba: *que las riquezas son un signo de la aprobación de Dios, de Su bendición.*

Este grupo de 12 hombres de diversos trasfondos y personalidades había dejado trabajos y carreras para participar del proyecto «a la aventura» con Jesús. Sus antiguos clientes ya se habían ido con sus competidores. Ahora eran desempleados y vivían de una bolsa común de donaciones de seguidores de Jesús; estaban ya comprometidos, les gustara o no. Pusieron todos los huevos en una sola canasta.

No veo a Pedro tratando de reclamar o jugar sus cartas de manera ventajosa. Era suficientemente caradura, impulsivo o decidido como para decir lo que otros sólo se atrevían a pensar. Puedo imaginar a los discípulos aguantando la respiración todos al mismo tiempo, con los ojos puestos en Jesús, preguntándose cómo respondería a la pregunta atrevida de Pedro: —¿qué hay en todo esto para nosotros?

Impertérrito ante la audacia de Pedro, Jesús mira más allá de la superficie y habla a su anhelo profundo. Pedro no busca el dinero, su verdadero anhelo es llevar una vida significativa, y ser reconocido por los desafiantes sacrificios que había hecho. Jesús va directamente a ese anhelo: —Tu sacrificio será reconocido en el Cielo, y serás honrado con un papel significativo. No tengas miedo de que vas a perder por haber invertido en este único proyecto: la vida que has elegido no sólo cambiará el mundo, ¡va a cambiar el Cielo, también!

Jesús no tenía ningún problema en decirle a los discípulos lo que obtendrían por todo esto. Graciosamente, les da un vistazo de la parte significativa en que serían recompensados en la eternidad. Y Sus palabras movieron sus corazones con esperanza, y con la seguridad de que su inversión en el Cielo estaba segura.

1. *Jesús, me arriesgaré y haré la pregunta de Pedro: ¿qué hay de todo esto para mí?*

2. *¿Cómo será cuando gobernemos gloriosamente juntos?*

3. *Jesús, ¿cómo es importante mi vida en Tu Reino?*

4. *¿Qué es lo que te gusta de la forma en la que he invertido mi vida para seguirte?*

5. *Jesús, anhelo tener un impacto en Tu Reino, muéstrame la forma en la que trabajas de manera que yo pueda vivir para el propósito en que fui hecho.*

D I A R I O

....
....
....
....
....
....
....
....
....
....
....
....
....
....
....
....
....
....
....
....
....
....
....
....
....

CONSUELO

Mateo 19:29

«Y cualquiera que haya dejado casas, o hermanos, o hermanas, o padre, o madre, o mujer, o hijos, o tierras, por mi nombre, recibirá cien veces más, y heredará la vida eterna.»

Su último día en el trabajo fue agridulce. La luz se estaba apagando mientras colgaba la última de las herramientas en la pared trasera, y luego cepilló las virutas de cedro de la mesa de trabajo agrietada. Colgando su delantal de cuero, pasó la mano sobre la madera gruesa, recordando el ritmo de la sierra, la mordida de un cincel bien afilado, la risa mientras Él y sus hermanos martillaban una puerta o un yugo de buey para un vecino.

Una última cena esperada con su familia al lado, su clan durante todos sus 30 años. La última noche que dormiría en el tejado bajo las estrellas, y a la mañana saldría por la puerta para siempre.

Mi último día, —suspiró Jesús, echando un vistazo al taller una última vez como si quisiera capturar cada detalle. Cerró los ojos, respirando profundamente el aroma penetrante del cedro y el dulce olor de la savia de pino. Salió al aire frío y caminó los pocos pasos de regreso a su casa ancestral. La anticipación de lo que su Padre haría era grande, pero doloroso también. Iba a echar de menos a Su familia, a Su ciudad natal y la carpintería.

Jesús conoce el sabor agridulce de seguir adelante, de extrañar a sus seres queridos y lugares especiales. Experimentó el dolor real de dejar las cosas atrás para seguir el llamado de Dios. El mayor abandono para Él era que debía despojarse de su naturaleza divina, dejar el Cielo, y tomar un cuerpo humano para venir a vivir con nosotros. Conociendo el costo de dejar Su hogar y familia por nuestro bien, Él reserva una gloria especial para aquellos quienes dejamos algo, para seguirlo.

La gloria en las Escrituras es la fama, el reconocimiento, el esplendor, el honor, la majestad, o alabanza. Cuando la Biblia habla sobre la gloria humana, a menudo está estrechamente vinculada al sufrimiento y a la pérdida. Por ejemplo: «...Y si hijos, también herederos; herederos de Dios y coherederos con Cristo, si es que padecemos juntamente con Él, para que juntamente con Él seamos glorificados» (Romanos 8:17).

Jesús, quién dejó Su hogar, Su familia, Su carrera y Su herencia por amor al Padre, recibirá gran gloria y honor en el Cielo por lo que sufrió. Es lo mismo para nosotros. Jesús nos invita a caminar por ese camino junto a Él. A medida que compartimos la experiencia de dejar cosas que amamos en pos de un amor mayor, heredaremos con Él la recompensa de gloria en el Cielo.

Y nuestro Padre ama todo sacrificio hecho por Su Hijo. En Su generosidad, incluso las cosas que soportaste tontamente, cuando te sentiste perdido o fuiste más allá de lo que el Cielo pedía; incluso en tus errores, tú corazón para dejar atrás las cosas por Jesús será honrado en el Cielo.

1. *Jesús, ¿qué es algo que dejé atrás por seguirte, que realmente apreciaste?*

2. *Jesús, ¿cómo te impactó el dejar Tu hogar y Tu familia para seguir Tu llamado?*

3. *¿Qué pensabas cuando olías el aserrín de Tu carpintería por última vez, y cerraste la puerta de esa etapa de tu vida?*

4. *A veces, al haber sacrificado algo por Ti, siento como que he sido relegado al último lugar en la carrera para triunfar en el mundo. ¿Qué quieres decirme al respecto?*

5. *Jesús, háblame acerca de la gloria que compartirás conmigo en el Cielo.*

DIARIO

BENIGNIDAD

Mateo 20:25-28

«Entonces Jesús, llamándolos, dijo: Sabéis que los gobernantes de las naciones se enseñorean de ellas, y los que son grandes ejercen sobre ellas potestad. Mas entre vosotros no será así, sino que el que quiera hacerse grande entre vosotros será vuestro servidor, y el que quiera ser el primero entre vosotros será vuestro siervo; como el Hijo del Hombre no vino para ser servido, sino para servir, y para dar su vida en rescate por muchos.»

Mientras que la sociedad dice que la obtención de riqueza, estatus, o posiciones de influencia, son referencia de éxito, Jesús pone el estatus de cabeza. El éxito en el Cielo es por medio del servicio.

La Biblia claramente registra el desprecio universal de la humanidad al papel de siervo. «Sea el siervo de los siervos de sus hermanos», fue la maldición que Noé habló sobre Canaán. Podría decirse que Noé introdujo tres clases sociales en sus declaraciones de Génesis 9:25-27. Cuando Isaac bendijo a Jacob lo hizo Señor de su hermano y declaró que Esaú le serviría.

Los hermanos de José estaban indignados cuando compartía un sueño que implicaba que tendrían un menor estatus y se inclinarían ante él. Instintivamente nos rehusamos a tomar un papel de sirviente.

Pero desde el principio, Dios tuvo un sueño diferente acerca de lo que un siervo sería.

Por ejemplo, analiza su conversación con Agar, la sierva extranjera y de clase baja de Sara: solitaria, abusada y rechazada (Génesis 16:7-13). Él la busca en el desierto, le da instrucciones específicas, luego nombra a su bebé, predice su sexo, y le habla sobre el futuro de su hijo. Pero también le dice que regrese y se someta a Saraí, no porque Saraí tuviera razón, sino porque *el destino de Agar se cumpliría aceptando el papel de sierva.* Nuestro Padre toca su anhelo de ser reconocida y valorada (después ella lo llamó «el Dios que ve») con algo mucho más grande de lo que ella esperaba: su hijo todavía heredaría la promesa de ser una gran nación, y ella sería reconocida como precursora de Jesús al aceptar el papel de una sierva para alcanzar un destino mayor.

En una cultura que pensaba en términos de clase y poder, Jesús estaba constantemente buscando y sirviendo a aquellos sin oportunidades y sin posibilidad de pagarle. Hizo lo que vio a Su Padre hacer con Agar, quien cumplió su destino cuando asumió el papel de sierva. Igualmente, Jesús aceptó el servicio como el camino a Su llamado. Y Él nos propone el mismo camino: nuestro destino se cumple cuando asumimos el papel de siervos.

Al mostrarnos el placer de Dios en el servicio, Jesús hace que la benignidad, el hacer el bien, y el cumplir lo que Él quiere de nosotros, sean accesibles a todo cristiano, sin importar su papel o posición.

1. *Jesús, ¿qué sientes cuando los oprimidos son tomados en cuenta y son servidos?*

2. *Padre, ¿qué pasa en Tu corazón cuando decido dar mi vida por los demás?*

3. *Padre, ¿qué acto de servicio puedo hacer hoy, que te haga feliz?*

4. *Jesús, la necesidad de las multitudes que te presionaban era enorme. Lucho con saber cómo puedo abrirme a las tremendas necesidades de las personas quebrantadas y no quedar abrumado. ¿Cómo lograste eso Tú?*

5. *Jesús, ¿cómo deseas venir y servirme hoy?*

DIARIO

SER CONOCIDO, AMOR

Mateo 20:30-34

«Dos hombres ciegos estaban sentados junto al camino. Cuando oyeron que Jesús venía en dirección a ellos, comenzaron a gritar: ¡Señor, Hijo de David, ten compasión de nosotros! ¡Cállense!, les gritó la multitud. Sin embargo, los dos ciegos gritaban aún más fuerte: ¡Señor, Hijo de David, ten compasión de nosotros! Cuando Jesús los oyó, se detuvo y los llamó: —¿Qué quieren que haga por ustedes? —Señor —dijeron—, ¡queremos ver! Jesús se compadeció de ellos y les tocó los ojos. ¡Al instante pudieron ver! Luego lo siguieron.» (NTV)

Un día interminable, cuando era adolescente, estuve ocho horas con los ojos vendados. No podía ver la luz, ni donde caminar, y mucho menos, si los chícharos en mi tenedor seguían ahí antes de que llegaran a mi boca. ¡La mayoría de las veces no estaban!

Fue una experiencia desalentadora. Ser ciego, sordo, perder una extremidad, incluso estar perdido, solo o enfermo (nombra tú necesidad) puede ser una experiencia que altere totalmente tu vida. Nuestros temores se despiertan y asaltan nuestra confianza y seguridad, y nos apoyamos en quienes nos ofrecen orientación y ayuda.

Así, como estos dos ciegos, gritamos: —¡Ten piedad de mí! —. Pero a veces en lugar de encontrar la ayuda que necesitamos, hallamos desdén de la multitud. Ellos evaden la mirada, evitan encontrarnos o nos callan para que dejemos de causar un alboroto. Aun cuando nuestro anhelo es ser vistos y que nos conozcan, nos dan la espalda y nos rechazan.

Pero Aquél que fue abandonado y rechazado tiene gran compasión hacia nosotros en nuestro tiempo de necesidad (ver Hebreos 4:6). Los ciegos sintieron que alguien ofreciendo gran gracia pasaba por allí. Incluso sin poder ver, la presencia magnética de Jesús los atraía. Ignorando a los opositores, ellos gritaron más fuerte: —¡Señor!, Hijo de David, ten piedad de nosotros.

Y la tuvo.

Jesús se detiene, gira sobre sus talones y les llama con una invitación asombrosa: —¿Qué quieren que yo haga por Uds.? —. Los *ve, conoce* sus necesidades, y les demuestra Su amor. Y después atiende sus solicitudes. Con un toque compasivo son sanados. ¡Increíble!

Hoy, de la misma manera, Él ve tu necesidad y siente el amor compasivo de alguien que te comprende totalmente. Su pregunta para ti es: —¿Qué quieres que yo haga por ti?

1. *Jesús, si me preguntas, el anhelo que quiero que Tu toques en mí es _____.*

2. *Gracias por preguntarme lo que quiero y necesito. Estoy muy agradecido de que prestes atención. Esto es lo que significa para mí que preguntes...*

3. *Parece darte un placer especial bendecir a la gente que el mundo ignora. Háblame de este aspecto Tuyo...quiero saber más.*

4. *Papá, tengo un deseo profundo de saber qué me ves y qué amas de mí, ahora mismo. ¿Cómo me has estado mostrando que me ves esta semana?*

5. *A la multitud no le importaban los ciegos, sólo querían que se callaran. ¡He experimentado eso! ¿Por qué quieres que siga pidiendo incluso cuando me siento como una molestia?*

DIARIO

LIBERTAD Y CONSUELO

Mateo 21: 18-22

«Por la mañana, cuando Jesús regresaba a Jerusalén, tuvo hambre y vio que había una higuera junto al camino. Se acercó para ver si tenía higos, pero solo había hojas. Entonces le dijo: ¡Que jamás vuelva a dar fruto! De inmediato, la higuera se marchitó. Al ver eso los discípulos quedaron asombrados y le preguntaron: —¿Cómo se marchitó tan rápido la higuera? Entonces Jesús les dijo: —Les digo la verdad, si tienen fe y no dudan, pueden hacer cosas como esa y mucho más. Hasta pueden decirle a esta montaña: «Levántate y échate al mar», y sucederá. Ustedes pueden orar por cualquier cosa, y si tienen fe la recibirán.» (NTV)

Después de dejar el lugar donde se están quedando y sin haber desayunado esa mañana, Jesús y Sus discípulos iniciaron ese día la caminata corta hacia la ciudad de Jerusalén. En el camino observó una higuera repleta de hojas, y Jesús se volvió hacia ella, con la esperanza de encontrar comida disponible. Algunas higueras dan fruto temprano (con o antes de las hojas), así que el árbol parecía prometer frutos, aunque sus higos no estuvieran sabrosos. Jesús y Su grupo pasaron debajo el árbol que se extendía, pasando sus manos a través de las hojas. Para su decepción, no encontraron nada. Tal vez la publicidad engañosa de un árbol frutal sin fruta le recordó a Jesús lo que encontró en el templo el día anterior.

La historia de la higuera maldita sigue inmediatamente después de la entrada triunfal a Jerusalén (¡fruto!) y la limpieza del Templo de multitud de comerciantes encarecedores, y turistas cumpliendo

sus deberes religiosos solo por tradición (¡sin fruto!). Él maldijo al árbol que no dio fruto, enfatizando el mismo punto que cuando limpió el Templo que tampoco daba fruto.

¿Pero cómo habla esta historia a nuestros anhelos? Si los rituales religiosos y devociones secas te han dejado sintiéndote atrapado, sin fruto y sin esperanza, Jesús dice: —¡Ese no soy Yo! Yo vine para que puedas experimentar la vida y libertad en abundancia. Si estás atrapado en un sistema religioso sin vida, aun dentro de mi casa, incluso cuando ese sistema es aprobado por grandes líderes nacionales, lo voy a derrotar para hacer un espacio para que me conozcas a Mí verdaderamente. Observa y asómbrate con la rapidez con que marchito cualquier trampa religiosa que no nos acerca más a ti y a Mí.

Jesús es ferozmente leal a ti, y le encanta estar ahí para ti. No tolerará que nadie robe el compañerismo entre Uds. dos. Exigió que aun la explanada exterior de Su casa, el Patio de los Gentiles, fuera un lugar de oración, para que *todas* las personas sin excepción pudieran llegar a Él. Eres bienvenido en Su casa.

1. *Jesús, ¿qué estás marchitando en mi vida, para que pueda conocerte verdaderamente?*

2. *Jesús, ¿de qué trampa engañosa de la religiosidad quieres librarme hoy?*

3. *¿Qué imagen me ayudaría a entender lo protector que eres al cuidar nuestra relación?*

4. *Jesús, vuelve a decirme lo que tengo que esperar: mis esperanzas han sido derrotadas por la vida.*

5. *Jesús, ésto es lo que significa para mí conocer lo que Tú eres para mí...*

DIARIO

....
....
....
....
....
....
....
....
....
....
....
....
....
....
....
....
....
....
....
....
....
....
....
....
....

HONOR, RECONOCIMIENTO

Mateo 23:8

«Pero ustedes, no permitan que nadie los llame «Rabí», porque tienen un solo maestro y todos ustedes son hermanos por igual.» (NTV)

Es tan fácil olvidar la conexión con nuestra familia en el Cielo, y pensar idealmente que la fama, el estatus y posición son la manera de llenar nuestros anhelos profundos de ser reconocidos y celebrados. ¿Alguna vez te sorprendiste a ti mismo al pensar algo como esto?:

- *«Si yo fuera un verdadero cristiano, estaría involucrado en el ministerio.»*
- *«Los pastores y misioneros tienen una relación especial con Dios que yo no tengo.»*
- *«La gente debería llamarme 'Pastor' o 'Reverendo', es justo que honren mi posición.»*
- *«La gente en la plataforma recibe más honor y reconocimiento que yo, y ellos se lo merecen.»*

Jesús habla a ese vacío en nosotros con un mandamiento de cómo es en el Cielo. No debe haber símbolos de estatus entre los cristianos. No hay títulos especiales. No hay personajes más valiosos que otros, que lleven vidas encantadoras, sean tratados como reyes y disfruten de privilegios que la gran mayoría no tiene.

—En el Cielo—, Jesús dice, —no nos tratamos así. Somos una familia, y nos relacionamos como hermanos y hermanas, no como miembros de una jerarquía social. *Cada* uno de nosotros es único. *Cada* uno es honrado y celebrado por lo que él o ella es, pero todos son igualmente amados por Papá.

Es la naturaleza humana la que nos hace compararnos unos con otros y tratar de encontrar nuestro lugar en la jerarquía. Nos inclinamos por títulos, posiciones y logros, incluso en la iglesia, porque parecen que con esto satisfaremos nuestros anhelos profundos de ser conocidos, de pertenecer, de ser especiales.

Jesús te llama a dejar ese triste camino atrás y a recibir lo que ya tienes como miembro de la familia del Cielo. Eres un hermano de Jesús, tan amado y celebrado por tu Papito al igual como los más grandes evangelistas, profetas o santos. Pablo y Pedro son tus hermanos; María y Marta, tus propias hermanas. Estarás juntos con ellos en el Cielo, no como la lejana relación de un fan y una estrella de cine, sino que estaremos abrazando, besando y riendo de gozo como la familia que somos, dando la bienvenida a casa a un hermano querido o una preciosa hermana.

1. *Papá, ¿cómo soy especial para Ti, hoy?*

2. *Toma un momento y deja que estas palabras inunden tu corazón: Jesús es tu hermano de sangre.*

3. *Jesús, no te da vergüenza llamarnos hermanos [5], entonces tampoco yo. Así que, Hermano, dime algo sobre lo que significa ser Tu hermano o hermana.*

4. *Padre, ¿qué quieres honrar en mí, hoy?*

5. *Papito, a veces tengo miedo de creer que realmente pertenezco en la manera en que Tú dices que pertenezco; me he decepcionado a menudo, y el Cielo parece tan lejano. ¿Cómo quieres tocar esta área de mi vida?*

---

5   Hebreos 2:11

DIARIO

RECONOCIMIENTO Y RECOMPENSA

Mateo 23:11-12

«El que es el mayor de vosotros, sea vuestro siervo. Porque el que se enaltece será humillado, y el que se humilla será enaltecido.»

¡Me encanta el sistema de recompensas de Dios! Jesús nos dijo que, «usen sus recursos mundanos para beneficiar a otros y para hacer amigos. Entonces, cuando esas posesiones terrenales se acaben, ellos les darán la bienvenida a un hogar eterno» (Lucas 16:9, NTV). Lo que quiere decir es que, si usas las cosas de este mundo para invertir y servir a otros, ellos estarán ahí para animarte cuando entres en el Cielo.

Todo tiene su recompensa en el Cielo. Si recibes a un profeta, recibirás la recompensa de un profeta. Para poner en términos más contemporáneos, aloja al orador en tu hogar y obtendrás la misma recompensa que el orador. Acomoda las sillas para la reunión, y tendrás la misma recompensa que los que están en la plataforma. Prepara el almuerzo para alguien que sirve a Jesús y serás recompensado como ellos. Aun dando un vaso de agua fría a un niño, no será pasado por alto[6].

Esta es la razón por la que la gente más grande y altamente recompensada en el Cielo serán los que sirven secretamente tras bambalinas. Mientras que el líder de un ministerio recibe la recompensa de ese ministerio en particular, ¡el sirviente que ayuda a muchas diferentes personas y ministerios de manera práctica recibirá la recompensa de todos ellos!

Esta es la misma razón por la que Jesús nos dice que vayamos a una habitación sin ventanas y oremos en secreto, o demos sin que una mano sepa lo que hace la otra. Un ministerio público es recompensado en el aquí y ahora con afirmación, nuevas oportunidades y honor, pero una simple tarea realizada sin reconocimiento, solamente para Jesús, será gloriosamente reconocida en el Cielo.

Exaltar algo es levantarlo, exhibirlo públicamente y aclamar su grandeza. El versículo mencionado dice que esto te sucederá. El deseo de Padre es exaltarte en el Cielo, y honrarte públicamente ante toda la audiencia del Cielo por lo que has hecho por Él. Ni siquiera tu amabilidad más pequeña escapará de su vista. Serás aplaudido con regocijo por tus compañeros, tus héroes espirituales, los ángeles, tu Salvador y Novio, y tu Dios.

1. *Jesús, ¿qué he hecho estos días que para Ti ha sido lo más significativo?*

2. *Padre, ¿por qué te anima tanto el reconocer a los no reconocidos, y recompensar a aquellos a quienes la humanidad desprecia?*

3. *¿Qué hay en mí que te encante, que te dará gusto manifestarlo ante todos cuando esté en el Cielo?*

4. *Jesús, ¿cómo soy significativo ante Tus ojos?*

5. *Jesús, estoy un poco apenado cuando pienso en ser animado por todos en el escenario celestial. ¿Qué quieres decirme acerca de eso?*

---

6   Si quisieras estudiar más sobre el sistema de recompensas de Dios, ver Lucas 16: 1-12; Mateo 10: 40-42, 6: 1-21, 20:1-16; Lucas 6: 20-36 y Mateo 25:31-40

DIARIO

....
....
....
....
....
....
....
....
....
....
....
....
....
....
....
....
....
....
....
....
....
....
....
....

AMOR, CONSUELO

Mateo 23:37

«¡Oh Jerusalén, Jerusalén, la ciudad que mata a los profetas y apedrea a los mensajeros de Dios! Cuántas veces quise juntar a tus hijos como la gallina protege a sus pollitos debajo de sus alas, pero no me dejaste.» (NTV)

¿Alguna vez sentiste que una relación iba fracasando e intentaste por todos los medios posibles evitar que terminara?

Recuerdo trabajar con un líder que constantemente hacía cosas que lastimaban a mí y otros en su equipo. Era un buen hombre con un gran sueño, y no quería que terminara nuestra relación. Pero no podía soportar más la injusticia de la situación. Traté de todas las maneras posibles llamar su atención. Le rogué, lo confronté, le hice preguntas, le mostré ejemplos específicos, lo confronté de nuevo. Nada cambió. Con la pena, finalmente me fui.

Esa experiencia me ayuda a entender quién es Jesús. Su pueblo elegido, como futura novia y por quien estaba preparado para morir, no quería la relación. La palabra griega ethelesa (querer) es la clave de este pasaje. «Cuántas veces quiso (ethelesa) reunir a Sus hijos...y no estuvieron dispuestos (ethelesate)». En otras palabras, «realmente quería estar contigo, pero tú no me quisiste».

La analogía que Jesús usa ofrece un hermoso ventanal a la profundidad de Su anhelo por nosotros. En situaciones de peligro, los pollitos corren bajo las suaves alas de su madre y se refugian cálidamente. Jesús anhela ser eso para ti. Con gusto se arriesgaría por ti, te rodearía con Sus fuertes brazos y te apretaría fuertemente. Le encanta verte correr hacia Él cuando estás en problemas, para sanarte la herida y hacerte sentir que todo estará bien.

Este amor es tan grande que puede absorber cualquier error, desprecio y rabieta que hagas, y hacerte entrar en razón amorosamente ofreciéndote refugio. —¡Cuántas veces yo quería juntarte!—, haciendo Él referencia a Su anhelo constante de juntar a Sus brazos a los rebeldes, pervertidos habitantes de Jerusalén.

Él te desea de esa manera. Lo único que puede detenerlo es si tú dices: —Jesús, sal de mi vida—. ¡Es muy difícil apagar el anhelo de Jesús por ti!

1. *Jesús, cuéntame acerca de Tu anhelo por mí. ¿Cómo quieres juntarme hoy contigo?*

2. *¿Qué te gusta de ser una «mamá gallina» para mí?*

3. *Jesús, esta área es donde quiero correr a Tu refugio hoy: _____. ¿Cómo quieres recibirme?*

4. *Jesús, ¿cómo mantuviste Tu amor cuando Tu propia gente siguió abusando de Ti y de Tus amigos?*

5. *Jesús, cuéntame sobre Tus brazos. ¿Cómo son?*

DIARIO

PERTENECER

Mateo 24:31

«Enviará a sus ángeles con un potente toque de trompeta y reunirán a los elegidos de todas partes del mundo, desde los extremos más lejanos de la tierra y del cielo.» (NTV)

Ya era la tarde de ese día, y Jesús estaba descansando en el Monte de los Olivos cuando los discípulos vinieron a Él para solicitar una explicación de otro de sus refranes extraños. A poca vista, a través del valle de Cedrón, se veía el resplandeciente Monte del Templo. Mas abajo en el valle, el Jardín de Getsemaní fue gradualmente desapareciendo bajo las sombras crecientes. Sólo tres días antes de Su muerte, Jesús pudo haber estado contemplando pasar la última noche de Su vida en ese mismo jardín.

El tema del día parecía ser advertencias, destrucción y desolación. Jesús había puesto punto final

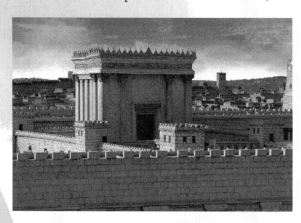

a la admiración del templo tan increíblemente construido, diciendo que tan hermoso edificio terminaría como un montón de grava. Confundidos, lo buscaron para escuchar más sobre qué esperar y querían saber si se acercaba el fin del mundo.

Comenzó por advertirles que no se perdieran los signos de los tiempos; pero viendo su cara llena de temor generada por sus palabras apocalípticas, Jesús decidió compartir Su esperanza con los amigos.

El mensaje es: «¡No te preocupes! Cuando regrese, será espectacular, literalmente: ¡No querrás perdértelo!» Jesús pinta una imagen de ángeles mensajeros, una llamada inconfundible de trompeta, signos en el Cielo y juntando a los Suyos de cada esquina de la tierra. Si el objetivo es el corazón, Jesús da directo al blanco, centrándose en nuestros anhelos de libertad, gozo, plenitud y de regresar al hogar al que perteneceremos.

No seremos abandonados, olvidados o perdidos en ese día glorioso. Nuestro anhelo por el Cielo se alinea al Suyo.

1. *¡Yo deseo mucho ese día! ¿Cómo será para Ti cuando suene la trompeta?*

2. *¿Cuándo has visto que mi anhelo por el Cielo se identifique con el Tuyo?*

3. *¿Cuáles son algunas de las cosas que anticipas hacer cuando estamos juntos?*

4. *En medio de esta lucha que estoy enfrentando, ¿qué esperanza te gustaría darme hoy?*

5. *Entonces, ¿qué tal sientes cuando anticipas todas las cosas buenas que has creado para nosotros?*

DIARIO

CUMPLIR, AMOR

Mateo 24:45-47

«Un sirviente fiel y sensato es aquel a quien el amo puede darle la responsabilidad de dirigir a los demás sirvientes y alimentarlos. Si el amo regresa y encuentra que el sirviente ha hecho un buen trabajo, habrá una recompensa. Les digo la verdad, el amo pondrá a ese sirviente a cargo de todo lo que posee.» (NTV)

Muchos de nosotros provenimos de culturas eclesiásticas donde hemos sido sutilmente adoctrinados en la cultura occidental, mismo sistema que se enfoca en logros. Sumergidos en este punto de vista, es fácil para nosotros leer este pasaje como una admonición de ser buenos con el fin de obtener la aprobación del Maestro, y progresar. Malentendiendo que ser digno de confianza es algo que *hacemos*, no que *somos*.

Pero la confianza es fundamentalmente una palabra relacional. Implica que alguien más puede contar contigo, porque te importa lo que les importa.

Años atrás, a menudo hice dinámicas de cuerdas con equipos de personas para desarrollar la confianza. Hacíamos «caídas de confianza», donde una persona se para en una plataforma y cae hacia atrás en los brazos del equipo. Requiere confianza, porque si no lo atrapan, ¡el aterrizaje le va a doler!

En esos momentos no quieres que te atrapen aquellos que están tratando de lucirse o los que quieren ser héroes. Porque en lo único que se enfocan estas personas es en ellos mismos. Quieres personas que se preocupen por tu bienestar y que se van a asegurar que no vas a azotar la tierra y resultar herido.

Este tipo de confianza tiene que ver con la *forma de ser, ser* una persona que puede querer. Cuando eso es lo que eres, lo perciben los demás, y resulta por extensión natural ser quien eres ante los demás. Nadie le encargará sus posesiones a alguien que vive haciéndose notar, o tiene malicia en su corazón, o simplemente compite para ser el mejor. El siervo de confianza es aquél cuyo corazón ama las cosas que el Maestro ama.

En última instancia, cumplimos porque nos importa. Alimentamos a los siervos porque los amamos. Cuidamos las necesidades de la casa porque amamos al Maestro, y es Su casa.

Fidelidad sin amor es un sentimiento vacío, y no hay sabiduría en él, es sólo un estándar vacío. Pero si somos fieles porque amamos y vivimos del corazón de nuestro Padre, ¡qué privilegio! Podemos cuidar lo que le importa a Él; y por medio de esto, incluso nuestras tareas más triviales, cambiar el mundo y traer Su Reino.

1. *Papá, dime cómo te sientes acerca de la forma en que me he preocupado por lo que te importa.*

2. *Jesús, realmente has sido fiel a mí, y te amo por ello. ¿Cómo te he sido fiel a Ti?*

3. *Papá, dime lo que valoras sobre la confianza que hemos desarrollado en nuestra relación juntos.*

4. *¡Déjame acurrucarme en Tu amor, y dime otra vez cuánto me amas!*

5. *Jesús, vamos a sorprender a alguien hoy, pronunciando palabras de afirmación sobre su vida. ¿A quién podemos honrar y cómo podemos hacer Tu amor real a ellos hoy?*

DIARIO

APROBACIÓN, CUMPLIR

Mateo 25:19-23

«Después de mucho tiempo vino el señor de aquellos siervos, y arregló cuentas con ellos. Y llegando el que había recibido cinco talentos, trajo otros cinco talentos, diciendo: Señor, cinco talentos me entregaste; Aquí tienes, he ganado otros cinco talentos sobre ellos. Y su señor le dijo: Bien, buen siervo y fiel; sobre poco has sido fiel, sobre mucho te pondré; entra en el gozo de tu señor. Llegando también el que había recibido dos talentos, dijo: Señor, dos talentos me entregaste; aquí tienes, he ganado otros dos talentos sobre ellos. Su señor le dijo: Bien, buen siervo y fiel; sobre poco has sido fiel, sobre mucho te pondré; entra en el gozo de tu señor.»

Papá nos ha confiado responsabilidades para que podamos experimentar el gozo de cumplirle a Él. ¡Pero cuando el maestro se ha ido por un largo tiempo, a veces enormes obstáculos pueden aparecer en nuestro camino!

La vida de Catherine Marshall LeSourd es un gran ejemplo de cómo hacer frente a la vida y seguir adelante. Después de superar una enfermedad grave, su marido murió repentinamente, y se encontró como madre soltera con un hijo joven, sin un padre que lo criara. Era 1949.

Mientras se aferraba a la promesa de que «Dios hace que todas las cosas funcionen para bien» (Romanos 8:28), nuestro Padre le recordó de su deseo adolescente de escribir. Ella percibió que le decía: —Avanza y abriré las puertas para ti.

Catherine tomó su deseo latente y estacionado de veinte años y comenzó a vivirlo. Poco después de seis semanas de la muerte de su marido, estaba editando los sermones de Peter Marshall para ser publicados. Aproximadamente al año, miles estaban leyendo su primer trabajo, *Mr. Jones, Meet the Master* (Señor Jones, conozca al Maestro). Continuó editando y escribiendo diez títulos más.

Ella encontró aprobación al oír a Papá decir: —¡Bien hecho!—. Y luego percibió una nueva oportunidad para progresar: —Catherine, tu trabajo es difundir Su mensaje.— Catherine continuó escribiendo, difundiendo el mensaje, y eventualmente dos de sus obras (incluyendo *Christy*, la historia de su madre), se convirtieron en películas.

Su marido había ascendido al pináculo de su profesión como Capellán al Senado de los Estados Unidos. Pero porque ella estaba dispuesta a salir adelante por nuestro Padre, Catherine terminó dejando un legado más grande que el de su marido.

Hoy en día, tu vida ofrece oportunidades para cumplirle al Padre, al igual que Catherine Marshall. ¿Qué es lo que se te ha confiado? Él no te lo ha dado como una oportunidad para fracasar o ser castigado si lo haces mal, sino como una oportunidad para tener éxito. Salir adelante significa enfrentar obstáculos y eso puede ser difícil. Pero ten ánimo: espera ansiosamente compartir en el gozo de Su aprobación —¡Lo has hecho bien!

1. *¿Cómo será estar contigo y compartir Tu gozo y Tu aprobación?*

2. *Padre, ¿en qué puedes decirme «Bien hecho», hoy?*

3. *Jesús, ¿quién soy yo en esta área de ser digno de Tu confianza? ¿Qué nombre me darías?*

4. *¿Cómo me has ayudado cuando he perseverado a través de las dificultades de la vida?*

5. *Papá, ¿qué experimentas en Tu corazón cuando ves mi fidelidad?*

DIARIO

SEGURIDAD

Mateo 25:34-40

«Entonces el Rey dirá a los de su derecha: Venid, benditos de mi Padre, heredad el reino preparado para nosotros desde la fundación del mundo. Porque tuve hambre, y me disteis de comer; tuve sed, y me disteis de beber; fui forastero, y me recogisteis; estuve desnudo, y me cubristeis; enfermo, y me visitasteis; en la cárcel, y vinisteis a mí. Entonces los justos le responderán diciendo: Señor, ¿cuándo te vimos hambriento, y te sustentamos, o sediento, y te dimos de beber? ¿Y cuándo te vimos forastero, y te recogimos, o desnudo, y te cubrimos? ¿O cuándo te vimos enfermo, o en la cárcel, y vinimos a ti? Y respondiendo el Rey, les dirá: De cierto os digo que en cuanto lo hicisteis a uno de estos mis hermanos más pequeños, a mí lo hicisteis.»

De una manera que no solemos notar, este pasaje habla de tu seguridad en tu relación con el Padre y en Su deseo de bendecirte. Aquí, Jesús nos dice que la recompensa que vamos a heredar fue «preparada para ustedes» por nuestro Padre desde el principio, mientras que el castigo eterno no fue preparado para los seres humanos sino para «el diablo y sus ángeles». Jesús quiere que sepamos que no es Su voluntad que ninguno de nosotros perezcamos. Los que van al castigo (bajo Su pesar) eligieron vivir en el reino del diablo, en vez de dar lealtad al Rey.

No hay libre albedrío en la presencia de Dios, aparte de aquellos que ya han elegido a Él. Su gloria es tan abrumadora que domina cualquier voluntad que quisiera resistirla. Como dicen las Escrituras: «Toda rodilla se doblará y toda lengua confesará que Jesucristo es el Señor» (Filipenses 2:11, ver también Isaías 45:23). Todos reconocerán Su Señorío, pero no todos lo querrán.

El libre albedrío es un regalo irrevocable. Papá no lo recuperará por la fuerza, ni obligará a los que no quieran vivir en Su presencia. Sólo los que están plenamente dispuestos, son libres en la plenitud de Su presencia.

Tu vida en la tierra es una práctica, un campo de entrenamiento donde aprendes a estar plenamente dispuesto. Cada situación mundana en la que reflejes el corazón de Jesús; por ejemplo, satisfacer las necesidades físicas de la gente como alimento y ropa, o su deseo de compañerismo cuando están enfermos, cuenta como decisión de inclinarte hacia Él. Un servicio sencillo te hace más dispuesto plenamente, y aumenta tu preparación a ser envuelto gozosamente en la irresistible gloria del Cielo.

Hoy, Jesús te invita a mirar atrás en tu vida y estar seguro. ¿Te sentaste alguna vez a lado de la cama de un niño enfermo, o limpiaste el vómito de alguien que amas? Eso te prepara para el Cielo. ¿Has donado ropa a alguna caridad, o te detuviste al borde de la carretera para ayudar a cambiar una llanta? Te estás capacitando para el Cielo. ¿Alguna vez visitaste a alguien en la cárcel, llevaste comida a un vecino después de un nacimiento o una muerte en su familia o incluso rellenaste el vaso de un invitado de la cena? ¡Cada acto de benignidad es una decisión para acercarse a Jesús; y cada elección te prepara más para el Cielo!

1. *Papá, dime de nuevo cómo estoy seguro en Ti.*

2. *Jesús, ¿qué es algo que «lo hice ante Ti» recientemente que apreciaste?*

3. *Papito, la idea de que algunas personas terminan en el infierno, me perturba. Sé que no siempre entiendo lo que haces, pero confío en Ti. Dime, ¿estará todo bien?*

4. *¿Por qué me diste el libre albedrío, Jesús?*

5. *Muéstrame algo que he estado haciendo últimamente que es una buena práctica para el Cielo.*

DIARIO

AMOR

Mateo 26:6-12

«Mientras tanto, Jesús se encontraba en Betania, en la casa de Simón, un hombre que había tenido lepra. Mientras comía, entró una mujer con un hermoso frasco de alabastro que contenía un perfume costoso, y lo derramó sobre la cabeza de Jesús. Los discípulos se indignaron al ver esto. ¡Qué desperdicio! —dijeron—. Podría haberse vendido a un alto precio y el dinero dado a los pobres. Jesús, consciente de esto, les respondió: ¿Por qué critican a esta mujer por hacer algo tan bueno conmigo? Siempre habrá pobres entre ustedes, pero a mí no siempre me tendrán. Ella ha derramado este perfume sobre mí a fin de preparar mi cuerpo para el entierro.» (NTV)

Jesús y Su círculo íntimo están cómodamente sentados a la mesa de Simón, el leproso, cerca de Jerusalén. Después de una entrada triunfal a la capital para la fiesta de Pascua, la depuración de la gran casa de adoración de la nación y una serie de curaciones sorprendentes, parecía que el futuro no tenía límite para ellos.

Sin embargo, en Su momento de triunfo, Jesús parece extrañamente sumiso. Un hilo oscuro de sufrimiento, desastre y el fin del mundo se nota en Sus historias. En persona parecía más mortal, más introspectivo que en el pasado. En lugar de abrazar las emocionantes oportunidades que tenía delante, habló repetidamente de Su muerte.

Pero arrastrados por la admiración de las multitudes, los discípulos sólo podían ver el gran destino delante de ellos. ¿No había Jesús superado por completo el liderazgo político y religioso? Con la nación entera de su lado, ¿estarían a salvo incluso de los astutos saduceos? Recientemente conscientes del torbellino político que se desarrollaba a su alrededor, los discípulos sólo vislumbraban las repercusiones políticas del acto de María.

¿Acaso no podía Jesús ver que aceptar los costosos regalos personales y los lujos de los ricos era una gigante prohibición para un hombre que se identificaba con la gente del pueblo? El favor de las masas fue ganado poniéndose del lado de los pobres, ¡no perfumándose como una rica prostituta!

Sin embargo, la mente de Jesús no estaba en la política. Conforme se llenaba la casa de la fragancia, percibió que Su Padre había venido, por medio de esta mujer, para tocar Su corazón y preparar Su cuerpo para el entierro. Era nuestro Padre, diciendo: —Hijo, estás en el buen camino. Estoy contigo en esto, y te amo mucho. Todo esto valdrá la pena.— Para Jesús, este momento ordenado por Dios, se conectó con el gozo profundo que le esperaba y el cual lo sostendría a través de la agonía venidera.

—Ella ha hecho algo hermoso para mí,— no es sólo por su sacrificio y devoción, sino porque en ese momento ella llevó el corazón de Padre a un hijo preocupado. Su historia siempre será contada porque vio el dolor del Hijo de Dios, y tocó Su corazón.

1. *Jesús, ¿qué es algo bello que he hecho por Ti?*

2. *Jesús, ¿hay algo que he hecho que otros no aprueban, pero que Tú ves hermoso?*

3. *Jesús, ¿qué sentiste en el momento en que María te ungió? ¿Qué estaba pasando en Tu corazón?*

4. *Jesús, ¿qué es algo hermoso que has hecho por mí en estos días, que no he reconocido?*

5. *Padre, ¿cómo te impactó cuando viste a María ministrando a Tu hijo? ¿Cuándo te has sentido así conmigo?*

DIARIO

PERTENENCER, CUMPLIR

Mateo 26:26-29

«Y mientras comían, tomó Jesús el pan, y bendijo, y lo partió, y dio a sus discípulos, y dijo: Tomad, comed; esto es mi cuerpo. Y tomando la copa, y habiendo dado gracias, les dio, diciendo: Bebed de ella todos; porque esto es mi sangre del nuevo pacto, que por muchos es derramada para remisión de los pecados. Y os digo que desde ahora no beberé más de este fruto de la vid, hasta aquel día en que lo beba nuevo con vosotros en el Reino de mi Padre.»

Después de llevar a cabo la ceremonia de la Pascua, la cual les era familiar desde su juventud, lo que estaban experimentando con Jesús era un alejamiento brusco de la tradición. Por un lado, estaban celebrando la cena un día antes. ¡Eso nunca pasaba! También, fue cuando Jesús modificó la bendición. Normalmente, era un ritual explicando la liberación histórica de Israel de Egipto. «Bendito eres tú, oh Señor nuestro Dios, Rey del universo, Creador del fruto de la vid…», era lo que se esperaba; pero comparar el pan partido con Su cuerpo; y el vino, a Su propia sangre, fue una adición aterradora.

Hasta este momento, las palabras de Jesús sobre Su inminente muerte pudieron no haber sido entendidas plenamente. Pero cualquier mal entendimiento en lo mínimo, cesaría. Un cuerpo quebrantado suena violento. La sangre derramada alude al sacrificio.

Después de trastornar la tradición y aplastar las ilusiones de sus discípulos, Él va a atraer su atención con una promesa increíble. Toma un voto de abstinencia: —Me abstengo del vino desde ahora en adelante, hasta que pueda beberlo con Uds. en el Reino de nuestro Padre.

El vino es el símbolo del pacto y de celebración. Jesús está diciendo a cada uno de nosotros: —No entrare en pacto con nadie más, con nadie celebraré la unión, hasta que tengamos la fiesta de bodas en el Cielo. Estoy comprometido contigo.

Se ha comprometido a esperarte, a estar ahí por ti. Sus palabras, «contigo», son inclusivas, también llenando tu anhelo de compañerismo y pertenencia. Y es una invitación a reunirse en la Gloria del Reino del Padre. ¡Increíble!

Tenemos Su aprobación. Nos extiende una invitación personal con nuestro propio nombre para ser parte de esta celebración con los discípulos. En un Reino grandioso y glorioso ¡Nuestro inigualable Jesús espera por nosotros!

1. *¿Qué quieres que yo sepa sobre Tu puro deleite al esperarme?*

2. *¡Tú y nuestro Padre son tan generosos! ¿Cómo me ves reflejando Tu gloria de esa manera?*

3. *Jesús, ¡dame una probada de lo que tienes planeado para nuestra reunión en el Reino de Padre!*

4. *Jesús, dime algo que no sé, acerca de nuestro futuro juntos. ¿Cómo será?*

5. *Jesús, ¿por qué tomaste ese voto de abstinencia?*

DIARIO

CONSUELO

Mateo 28:8-10

«Las mujeres se fueron a toda prisa. Estaban asustadas pero a la vez llenas de gran alegría, y se apresuraron para dar el mensaje del ángel a los discípulos. Mientras iban, Jesús les salió al encuentro y las saludó. Ellas corrieron hasta él, abrazaron sus pies y lo adoraron. Entonces Jesús les dijo: ¡No teman! Digan a mis hermanos que vayan a Galilea, y allí me verán.» (NTV)

Dos mujeres solitarias se dirigieron hacia la puerta de la ciudad, justo después del amanecer, camino a las tumbas. Sólo unos pocos días antes, habían soportado la traición de su líder por un amigo cercano, por los líderes de su nación y finalmente por todo el pueblo judío, que pidió a gritos la liberación de un criminal endurecido en lugar de su Mesías. El hombre en el que habían depositado sus esperanzas fue torturado hasta la muerte bajo las crueles manos de los ocupantes romanos. Mientras observaba sus últimas respiraciones agonizantes, el suelo se estremeció con un aterrador terremoto, lo suficientemente fuerte como para dañar masivamente el templo.

Después de un Sábado lleno de conmoción, dolor y miedo, las mujeres se habían limpiado las lágrimas y se encaminaron al cementerio; la ansiedad creciendo con cada paso. ¿Seguirían allí los guardias? ¿Qué más maldiciones, acoso o cosas peores deben de soportar para decir un último adiós a su Jesús? En su temor e incertidumbre, un profundo anhelo de consuelo las abrumaba.

De repente, la tierra se tambaleó de nuevo en un ensordecedor estruendo, arrojándolas al suelo. Un resplandor abrasador iluminaba la escena y petrificaba a los guardias: ¡un ángel! Y luego habló directamente a ese anhelo: —No tengan miedo: ¡Jesús ha resucitado! ¡Aquí, echen un vistazo!

La tumba estaba vacía. Al mismo tiempo estaban asombradas, alegres, conmocionadas y temblorosas. Las mujeres, batallaron para entender ese cambio brusco de experimentar un dolor miserable a tener una esperanza creciente. ¡Tomando un momento para recuperarse, trastabillaron hacia los discípulos para contarles, y se encuentran al mismísimo Jesús!

—Buenos días— les dijo, como si esto fuera como cualquier otro día que se habían encontrado en el camino. Ellas cayeron aturdidas a Sus pies y Él volvió a tocar su anhelo, añadiendo: —No tengan miedo.

Probablemente, ¡yo necesitaría escuchar esas palabras varias veces si estuviera en la posición de esas mujeres! Después de haber presenciado una ejecución brutal, dos terremotos, una visita angélica y un amigo resucitado de la muerte, necesitaría algo para estabilizarme.

Me imagino que hubo una sonrisa en sus labios cuando Jesús respiró: —¡Buenos días!— Así como: —No puedo imaginar la mirada en el rostro de María cuando se dé cuenta de que ¡soy Yo!— Ese es Jesús, divirtiéndose un poco y entregando las mejores noticias que han escuchado. Luego continúa como si nada fuera de lo común hubiera sucedido: —Diles a los hermanos que se dirijan a Galilea y nos reuniremos allí. Mira todo está resultando bien, tal como te dije que lo haría.

A veces la mejor cura para la ansiedad es ver a Jesús guiñando el ojo. Nada mejora más un estado de ánimo que tener al que descendió al infierno y salió sonriendo (en lugar de estar traumatizado), y que nos diga: —Estás en el viaje de tu vida ahora, ¿no es así, amado?

1. *Jesús, ¿de qué te ríes conmigo, hoy?*

2. *Estoy ansioso hoy por _____. ¿Cómo se ve desde el punto de vista del Cielo?*

3. *Jesús, déjame experimentar una pequeña porción de esa fuente de gozo que llevas esta mañana.*

4. *¿Cuál es la broma del día, Jesús?*

5. *Jesús, yo deseo profundamente el consuelo algunas veces. Dime otra vez que todo va a estar bien.*

DIARIO

RECURSOS ADICIONALES
PARA TRATAR ANHELOS

Aquí están algunos de los recursos adicionales para encontrar a Dios en sus más profundos anhelos, disponibles a través de la librería en www.Meta-Formation.com

- *Desire Discovery Card Deck* (Serie de cartas para descubrir anhelos profundos) de Tony Stoltzfus.
  Un conjunto de cartas de conversación para ayudarte a identificar los deseos y emociones que surgen de ellos.

- *The Calling Journey* (El viaje de tu llamado) de Tony Stoltzfus
  Cree una «línea de tiempo» sobre el llamado para entender cómo encontrar a Dios en medio del sufrimiento y cómo Él ha estado usando todas las circunstancias de tu vida para moverte hacia tu destino.

- Soaking Music (Música para sumergirte) por Julie True (varios álbumes)
  Adoración espontánea y meditativa que te ayuda a sumergirte en la presencia de Dios.

- *Revelations of Divine Love* (Revelaciones del amor divino) por Juliana de Norwich
  Una mística del siglo XIV toca el corazón de Jesús de maneras asombrosas.

- *Dialogue with God* (Diálogo con Dios) por Mark Virkler
  Una guía práctica, ampliamente elogiada para desarrollar una vida de oración.

Entrenamiento para trabajar los anhelos

Si anhelas una transparencia mayor, relaciones profundas y un cambio de corazón en tu área de influencia de liderazgo, el Instituto de Liderazgo Meta-Formación tiene las herramientas y capacitación que necesitas. Fundada por Tony Stoltzfus, LMI tiene tres objetivos:

1. **Transformación personal**
   Una experiencia vivencial y enriquecedora de corazón, comprometiéndose mediante el encuentro con Dios sobre anhelos propios profundos.

2. **Herramientas para transformar a otros**
   Proporcionamos herramientas de «coaching» para ayudar a líderes a caminar a través de la transformación del corazón y que puedan ayudar a otros en este camino.

3. **Crear culturas transformacionales**
   LMI ofrece herramientas y prácticas para construir organizacionalmente una cultura donde la transformación del corazón es visto como una experiencia común.

Cada uno de los tres cursos de LMI incluye un taller intensivo de tres días y medio, inmerso en un estilo de aprendizaje innovador y altamente experiencial. Utilizando todo, desde juegos de aprendizaje, las artes, música original, puesta en escena teatral, equipos relacionales y más; el LMI crea encuentros poderosos con Dios que te sumergen en los caminos del corazón. Esto no es un seminario típico de solo escuchar a oradores: obtendrás práctica en vivo y experiencia con cada habilidad y concepto que se enseña.

El entrenamiento de LMI está diseñado para líderes de ministerio, dueños de negocios, pastores, gerentes, ayudando a profesionales (como consejeros y entrenadores), cualquier líder que quiera enseñar a otros mediante el cambio o construcción de una cultura de transformación.

Para obtener más información, visita el sitio web de LMI en Office@Meta-Formation.com.

ANHELO
ÍNDICE

Las meditaciones que se tocan en cada anhelo particular
se enumeran a continuación:

Made in the USA
Columbia, SC
14 March 2022

57660927R00074